AF576385

Walter Benjamin

Ouverture philosophique

Collection dirigée par Aline Caillet, Dominique Chateau, Jean-Marc Lachaud et Bruno Péquignot

Une collection d'ouvrages qui se propose d'accueillir des travaux originaux sans exclusive d'écoles ou de thématiques.

Il s'agit de favoriser la confrontation de recherches et des réflexions, qu'elles soient le fait de philosophes « professionnels » ou non. On n'y confondra donc pas la philosophie avec une discipline académique ; elle est réputée être le fait de tous ceux qu'habite la passion de penser, qu'ils soient professeurs de philosophie, spécialistes des sciences humaines, sociales ou naturelles, ou... polisseurs de verres de lunettes astronomiques.

Dernières parutions

Xavier VERLEY, *Le symbolique et transcendantal*, 2014.
Grégori JEAN et Adam TAKACS (eds.), *Traces de l'être Heidegger en France et en Hongrie*, 2014.
Frédéric PRESS, *Du sens de l'histoire. Essai d'épistémologie*, 2014.
Grégoire-Sylvestre GAINSI, *Charles de Bovelles et son anthropologie philosophique*, 2014.
Dieudonné UDAGA, *La subjectivité à l'épreuve du mal, Réfléchir avec Jean Nabert à une philosophie de l'intériorité,* 2014.
Augustin TSHITENDE KALEKA, *Politique et violence, Maurice Merleau-Ponty et Hannah Arendt,* 2014.
Glodel MEZILAS, *Qu'est-ce qu'une crise ?, Eléments d'une théorie critique,* 2014.
Vincent Davy KACOU, *Paul Ricoeur. Le cogito blessé et sa réception africaine*, 2014.
Jean-Louis BISCHOFF, *Pascal et la pop culture*, 2014.
Vincent TROVATO, *Lecture symbolique du livre de l'Apocalypse,* 2014.
Pierre CHARLES, *Pensée antique et science contemporaine*, 2014.
Miklos VETÖ, *La métaphysique religieuse de Simone Weil*, 2014.

Jean-Marc Lachaud

Walter Benjamin

Esthétique et politique de l'émancipation

Du même auteur

Ouvrages personnels

Art et aliénation, Paris, Presses Universitaires de France, 2012
Pour une critique partisane, Paris, L'Harmattan, 2010
Mimos, éclats du théâtre gestuel (avec Martine Maleval), Paris, Ecrits dans la Marge, 1992
Marxisme et philosophie de l'art, Paris, Anthropos, 1985
B. Brecht, G. Lukács, questions sur le réalisme, Paris, Anthropos, 1981 ; seconde édition revue et augmentée, Paris, Anthropos/Economica, 1989

Ouvrages dirigés

Jean-Michel Palmier. Arts et société (avec Dominique Berthet), Paris, L'Harmattan, 2012
Une esthétique de l'outrage ? (avec Olivier Neveux), Paris, L'Harmattan, 2012
Arts et Politiques (avec Olivier Neveux), *Actuel Marx*, n° 45, 2009
Changer l'art. Transformer la société. Art et politique 2 (avec Olivier Neveux), Paris, L'Harmattan, 2009
Corps dominés, corps en rupture (avec Olivier Neveux), *Actuel Marx*, n° 41, 2007
Arts et nouvelles technologies (avec Olivier Lussac), Paris, L'Harmattan, 2007
Art et politique, Paris, L'Harmattan, 2006
Bertolt Brecht (avec Philippe Ivernel), *Europe*, n° 856-857, 2000
Art, culture et politique, Paris, Presses Universitaires de France, 1999
Le corps : exhibition/révélation (avec Martine Maleval), *skênê*, n° 2-3, 1998
Habermas, une politique délibérative (avec Jacques Bidet), *Actuel Marx*, n° 24, 1998
Corps, art et société (avec Lydie Pearl et Patrick Baudry), Paris, L'Harmattan, 1998
Mélange des arts au XXe siècle, *skênê*, n° 1, 1996
Walter Benjamin, *Europe*, n° 804, 1996
Présence(s) de Walter Benjamin, Bordeaux, Publications du Service Culturel de l'Université Michel de Montaigne - Bordeaux 3, 1994
La Mise en scène du geste, Bordeaux, Publications du Service Culturel de l'Université Michel de Montaigne - Bordeaux 3, 1994

5-7, rue de l'Ecole-Polytechnique, 75005 Paris

http://www.harmattan.fr
diffusion.harmattan@wanadoo.fr
harmattan1@wanadoo.fr

ISBN : 978-2-343-04652-5
EAN : 9782343046525

Sommaire

Tous ceux qui à ce jour ont obtenu la victoire, participent à ce cortège triomphal où les maîtres d'aujourd'hui marchent sur les corps de ceux qui aujourd'hui gisent à terre.

Walter Benjamin[1]

Le 26 septembre 1940, à Port-Bou, au cœur du fracas tragique de l'Histoire, Walter Benjamin met fin à ses jours. Lui, qui écrivait dans « Zentral Park », qu'il n'y a « pour les hommes tels qu'ils sont aujourd'hui, qu'une nouveauté radicale – et c'est toujours la même : la mort »[2], interrompt délibérément son *errance* forcée. Traqués par les tourmentes balayant une « vallée résonnant de désolation », selon Bertolt Brecht dans *L'Opéra de quat'sous*, s'éclipsaient une voix et un regard lucides et acérés sur la réalité tumultueuse du monde de la première moitié du XXe siècle.

A présent, subsiste une pensée incarnée dans une œuvre fascinante, parce que toujours actuelle et agissante. Hans Mayer, qui souligne dès octobre 1940 que, bien qu'inachevée, sa recherche plurielle et fragmentée ne serait pas oubliée, voit ainsi son hypothèse confirmée.

W. Benjamin fut en correspondance avec cette génération de l'intelligentsia judéo-allemande profondément marquée par l'absurdité atroce de la Première Guerre mondiale, et passionnément à l'écoute des soubresauts politiques, sociaux et culturels de l'Europe des années 1920 et 1930. Sensibles aux espoirs soulevés par la révolution d'Octobre (même si certaines dérives sont clairement perçues par certains d'entre

[1] W. Benjamin, « Sur le concept d'histoire » (1940), dans *Essais III*, trad. M. de Gandillac, P. Rusch et R. Rochlitz, Paris, Gallimard, 2000, p. 432.
[2] W. Benjamin, « Zentral Park » (1938), trad. J. Lacoste, dans *Walter Benjamin*, ouvrage collectif sous la direction de Marc B. de Launay et de Marc Jimenez, *Revue d'Esthétique*, n° 1, 1981, p. 16.

eux), ces femmes et ces hommes assistent dans une déchirure brûlante, à la montée du péril nazi, puis au triomphe d'Hitler en 1933. Dès lors, ils sont condamnés à parcourir, avec douleur, les chemins de l'exil.

Spectateur engagé et acteur critique de son époque, solidaire des « vaincus » brutalisés par les accidents de l'Histoire, W. Benjamin emprunte de nombreux chemins en transversale. Sa volonté de mettre sans cesse en tension un ensemble de positions (« la position théologique, la position esthético-surréaliste, la position communiste », précise Susan Sontag), de les maintenir ouvertes, rythme le déploiement de ses recherches et façonne les fondements de ses amitiés conflictuelles avec, notamment, Ernst Bloch, B. Brecht et Theodor W. Adorno.

La diversité des objets d'études benjaminiens et la pluralité de leurs modalités d'approche, sa propre pratique d'une écriture morcelée, nous interdisent d'*étiqueter* W. Benjamin, sous peine de réduire la force de sa quête éclatée. Philosophe, critique littéraire, écrivain, traducteur… il est et restera inclassable. De même, le refus de toute mise en système de sa réflexion, le recours au *collagisme* (par la collecte de morceaux brisés, par l'usage de la citation…) nous empêchent de saisir l'architecture de son projet en termes de cohérence absolue, de totalité harmonieuse ou de clôture définitive. Cependant, si ses flâneries théoriques (autour du problème du langage, de la philosophie de l'Histoire, de la question de l'œuvre d'art…) refusent de suivre une voie à sens unique, si ses textes eux-mêmes sont au plein sens du mot *tissés*, comme le constate Gershom Scholem, W. Benjamin n'est pas un penseur éclectique au sens péjoratif du terme. Le lecteur attentif, en effet, doit s'immiscer dans les plis, replis et déplis d'un processus de déconstruction et de reconstruction, pour se heurter au sens profond du vagabondage benjaminien (prenant peut-être consistance dans la dialectique du désenchantement et du *sauvetage*), et pour découvrir son « unité philosophique virtuelle », selon les mots de Rainer Rochlitz.

Longtemps méconnue en France (ce n'est qu'en 1959 qu'un choix de textes traduits par Maurice de Gandillac est publié), cette œuvre est désormais largement discutée, parfois détournée et défigurée, et partie prenante de nombre d'élaborations conceptuelles. En ce début de siècle troublé par les sursauts de la barbarie encore vivante, en ces temps de détresse, où les certitudes d'hier sont ébranlées et où se consument les idéaux d'une foi pervertie, les lueurs dispersées par cette « sentinelle messianique » que fut W. Benjamin, pour reprendre l'expression de Daniel Bensaïd, restent plus que jamais incandescentes.

Les quatre textes que nous proposons ici (écrits à la suite de sollicitations diverses), en toute modestie, veulent rendre hommage à la pensée de celui qui (ayant toujours « cherché à articuler, combiner, fusionner idées libertaires et communisme marxiste », notent Olivier Besancenot et Michaël Löwy[1]), depuis le début, accompagne notre réflexion sur les rapports entre esthétique et politique, sur les débats sur l'art et la littérature d'un point de vue marxiste, sur le théâtre brechtien, sur les œuvres de collage et de montage, sur la problématique de la critique…

[1] O. Besancenot et M. Löwy, *Affinités révolutionnaires*, Paris, Mille et une nuits, 2014, p. 143.

Le marxisme *atypique* de Walter Benjamin*

Le caractère destructif ne voit rien de durable. Mais pour cette raison précisément il voit partout des chemins. Là où d'autres butent sur des murs ou sur des montagnes, il voit également un chemin. Mais parce qu'il voit partout un chemin, il doit également partout déblayer le chemin. Pas toujours par la force brutale, parfois avec une force raffinée. Parce qu'il voit partout des chemins, il est lui-même à la croisée des chemins. Aucun instant n'est en mesure de préjuger du suivant. Il transforme ce qui existe en décombres, non par amour des décombres mais par amour pour le chemin qui se fraie un passage à travers eux.

Walter Benjamin[1]

Le rapport qu'entretient Walter Benjamin avec le marxisme est difficile à élucider. De nombreux commentaires contradictoires sont donc proposés. Ainsi, très tôt, Gershom Scholem affirme que W. Benjamin s'illusionne en empruntant des références matérialistes qui sont

* Ce texte a été publié dans *Walter Benjamin. Les vicissitudes du mythe*, ouvrage collectif sous la direction de Marion Picker, Strasbourg, *Les Cahiers philosophiques de Strasbourg*, n° 27, 2010, p. 81-111.

[1] W. Benjamin, « Le caractère destructif » (texte publié dans *Frankfurter Zeitung* le 20 novembre 1931), dans *Images de pensée*, trad. J.-Fr. Poirier et J. Lacoste, Paris, Christian Bourgois, 1998, p. 176.

incompatibles avec sa posture de théologien juif et de penseur messianique[1], alors que Bertolt Brecht, en août 1941, dans son *Journal de travail*[2], salue celui qui, « en dépit des métaphores et des judaïsmes », « s'oppose à la conception de l'histoire comme déroulement linéaire, du progrès comme entreprise énergique menée à tête reposée, du travail comme source de moralité, de la classe ouvrière comme la protégée de la technique etc. » (à la fin des années 1960, les intellectuels radicaux de la revue allemande *Alternative* souligneront eux aussi l'engagement marxiste de W. Benjamin[3]). Si certains, par ailleurs, jugent que la contradiction qui agit au cœur de la pensée benjaminienne est indépassable, d'autres proposent une analyse qui, sans nier la complexité du positionnement adopté, insiste sur le fait que W. Benjamin est, selon la formule utilisée par Michaël Löwy, « marxiste *et* théologien ». Ce dernier, dans *Walter Benjamin : Avertissement d'incendie. Une lecture des thèses*

---

[1] Dans une lettre adressée à W. Benjamin le 30 mars 1931 (reproduite dans G. Scholem, *Walter Benjamin. Histoire d'une amitié* (1975), trad. P. Kessler, Paris, Calmann-Lévy, 1981, p. 251-253), G. Scholem, sans détour, écrit : « [...] ton mode de pensée *réel* et celui *auquel tu prétends* sont de façon ahurissante étrangers l'un à l'autre et sans qu'aucun lien les unisse ». G. Scholem insiste alors sur le fait que W. Benjamin n'est « sans doute pas la dernière victime, mais peut-être *la plus incompréhensible*, de la confusion entre religion et politique ».

[2] B. Brecht, *Journal de travail 1938-1955*, trad. Ph. Ivernel, Paris, L'Arche, 1976, p. 200-201.

[3] Le lecteur peut se reporter aux numéros 56-57 et 59-60 de la revue publiés fins 1967 et début 1968. Les animateurs de la revue réfutent notamment l'approche adornienne des positions benjaminiennes. En effet, en 1955, dans « Introduction aux écrits de Benjamin » (texte repris dans Th. W. Adorno, *Notes sur la littérature*, trad. S. Muller, Paris, Flammarion, 1984, p. 397-412), Th. W. Adorno évoque les « injections de matérialisme » qui caractérisent les travaux de W. Benjamin dans « ses dernières années » et considère que son rapport au marxisme relève d'un « malentendu fécond » (*ibid.*, p. 408-410). Voir également l'analyse de la polémique proposée par J.-M. Palmier dans *Walter Benjamin, Le Chiffonnier, l'Ange et le Petit Bossu* (édition établie, préfacée et annotée par Florent Perrier ; *Avant-propos* de Marc Jimenez), Paris, Klincksieck, 2006, p. 720-725).

« Sur le concept d'histoire », rappelle en effet que W. Benjamin « aimait se comparer à un Janus, dont un des visages regarde vers Moscou et l'autre vers Jérusalem » et précise aussitôt que « ce qu'on oublie souvent c'est que le dieu romain avait deux visages mais *une seule tête* » ; autrement dit, conclut-il[1], « marxisme et messianisme ne sont que les deux expressions [...] d'une seule pensée ». Stéphane Mosès, dans *L'Ange de l'Histoire. Rosenzweig, Benjamin, Scholem* [2], n'est guère éloigné du constat de M. Löwy ; insistant sur les trois paradigmes qui traversent l'œuvre benjaminienne (théologique, esthétique et politique), il envisage leur productive interpénétration. De son côté, Jean-Michel Palmier nous incite très justement à prendre en compte l'« étrange circularité » de la réflexion benjaminienne et l'« impossibilité de la concevoir en termes de "ruptures" »[3].

Walter Benjamin, la révolution d'Octobre et le communisme soviétique

Dans une lettre datée du 7 juillet 1924 adressée à son ami G. Scholem [4], W. Benjamin évoque simultanément sa rencontre avec Asja Lacis, « une révolutionnaire russe de Riga » (« l'une des femmes les plus exceptionnelles que j'ai rencontrées », précise-t-il) et son « intense attention à l'actualité d'un communisme radical » (sans doute est-il interpellé, tout en restant lucide, par les propos enflammés de *la Bolchevique* sur le devenir révolutionnaire de l'Union

---

[1] M. Löwy, *Walter Benjamin : Avertissement d'incendie. Une lecture des thèses* « Sur le concept d'histoire », Paris, Presses Universitaires de France, 2001, p. 24-25.

[2] S. Mosès, *L'Ange de l'Histoire. Rosenzweig, Benjamin, Scholem*, Paris, Seuil, 1992.

[3] J.-M. Palmier, *Walter Benjamin, Le chiffonnier, l'Ange et le Petit Bossu*, *op. cit.*, p. 731.

[4] W. Benjamin, « Lettre à Gershom Scholem » (7 juillet 1924), dans *Correspondance 1 (1910-1928)*, édition établie par G. Scholem et Th. W. Adorno, trad. G. Petitdemange, Paris, Aubier-Montaigne, 1979, p. 321.

soviétique). La surprise qu'éprouve G. Scholem en lisant cette lettre lui annonçant un profond et inédit intérêt pour le communisme est compréhensible. En effet, comme le rappelle J.-M. Palmier [1], la vision du monde qui était jusqu'alors celle de W. Benjamin, vision « où s'imbriquaient depuis l'époque du Mouvement de jeunesse, des éléments assez élitistes, une inspiration romantique, messianique et anarchiste », l'avait amené à exprimer de fortes réserves, voire un jugement négatif, sur le rôle et sur l'action des partis politiques (le 29 mai 1926, répondant aux interrogations de G. Scholem sur son attirance pour le communisme, W. Benjamin écrit toutefois : « [...] je ne rougis pas de mon "ancien" anarchisme »[2]). De plus, poursuit J.-M. Palmier, par « son style de vie [...] Benjamin était le représentant typique de la bourgeoisie allemande, même prolétarisée » et était donc peu prédisposé à se soumettre à la discipline (de vie et de pensée) exigée alors par les partis communistes. La soudaineté de l'enthousiasme benjaminien pour le communisme ne peut donc que susciter la méfiance amusée de G. Scholem. De fait, W. Benjamin, contrairement à son frère Georg (militant depuis 1922), n'a pas adhéré au Parti Communiste Allemand[3]. De même, n'a-t-il quasiment rien écrit sur les luttes politiques et sociales qui agitent l'Allemagne à l'époque de la République de Weimar!

---

[1] J.-M. Palmier, *Walter Benjamin. Le chiffonnier, l'Ange et le Petit Bossu*, *op. cit.*, p. 263.

[2] W. Benjamin, « Lettre à Gershom Scholem » (29 mai 1926), dans *Correspondance 1 (1910-1928)*, *op. cit.*, p. 389.

[3] Dans sa « Lettre » du 29 mai 1926 précédemment citée (p. 389-390), W. Benjamin évoque en ces termes une possible adhésion au Parti Communiste : « Agir toujours sur les phénomènes à leurs racines et non au niveau de leurs effets, et ce dans les domaines les plus essentiels, c'est ce que je chercherais aussi si un jour j'entrais au Parti communiste », avant d'ajouter immédiatement entre parenthèses (pour relativiser son propos ?) : « [...] ce que je continue de lier à un coup de pouce du destin ». Plus loin, tout en considérant « les buts communistes comme un non-sens et comme n'existant pas », il semble envisager avec intérêt « l'action communiste ».

A la lecture du *Journal*[1] rédigé par W. Benjamin pendant les deux mois qu'il passe à Moscou (en décembre 1926 et en janvier 1927), il est bien difficile de se faire une idée précise sur ce qu'il pense vraiment de la révolution d'Octobre et de la situation concrète de l'Union soviétique (alors que s'impose déjà, à la tête du Parti et de l'Etat, la bureaucratie stalinienne). En arrivant à Moscou, W. Benjamin découvre une ville au sein de laquelle tout, comme dans le pays, est « en construction ou reconstruction », et où « chaque instant presque soulève des questions critiques »[2]. Dans ces très belles et sensibles pages, W. Benjamin, tourmenté par la complexité de sa relation avec A. Lacis (à Moscou, W. Benjamin, A. Lacis et son mari, le metteur en scène allemand Bernhardt Reich, forment un étrange et complexe trio amoureux) et par les difficultés auxquelles il se heurte lorsqu'il rencontre des responsables du monde culturel (W. Benjamin souhaite notamment collaborer à la grande *Encyclopédie* soviétique [3]), nous livre une succession d'*impressions*, qui saisissent sur le vif un paysage au sein duquel s'exposent de multiples contradictions. Il accumule ainsi de nombreuses images qui tracent en pointillé un portrait vivant mais ambivalent de *Moscou-la-rouge*, ébauchant quelques tableaux significatifs ou rapportant

---

[1] W. Benjamin, *Journal de Moscou*, trad. J.-Fr. Poirier, Paris, L'Arche, 1983.

[2] W. Benjamin, « Lettre à Jula Radt » (26 décembre 1926), dans *Correspondance 1 (1910-1928)*, *op. cit.*, p. 400.

[3] Relatant un entretien à ce sujet, il insiste sur l'incompréhension à laquelle il se confronte : « Un très jeune homme très bienveillant, à qui Reich m'a présenté et a vanté mon savoir, était assis, là, derrière son bureau (lorsque nous sommes [venus] pour la seconde fois, notre première démarche avait été vaine). Quand je lui ai exposé ensuite le schéma de mon "Goethe", son embarras intellectuel s'est aussitôt manifesté. Beaucoup de choses dans ce projet l'effarouchaient et il en est arrivé finalement à réclamer un portrait biographique sur toile de fond sociologique ». Mais, souligne aussitôt W. Benjamin, « on ne peut retracer du point de vue matérialiste une vie de poète mais seulement son retentissement historique » (*ibid.*, p. 56).

certaines scènes révélatrices, par exemple sur les mille et une facettes du colportage dans les rues de Moscou[1], sur le marché du Boulevard Smolensk[2], sur la persistance de la mendicité[3], sur la beauté des jouets exposés au musée Koustarny[4], mais également sur les conditions de travail dans une usine[5] et sur la crise du logement[6] ou encore sur l'accueil réservé accordé officiellement à une mise en scène de Vsevolod E. Meyerhold[7]. Certes, la question de son adhésion au parti est posée : « [...] entrer au parti ? », s'interroge-t-il le 9 janvier[8]. Mais, les raisons *positives* et *négatives* (avantages et désavantages) mentionnées pour répondre à cette interrogation restent assez floues ; pour W. Benjamin, la question majeure semble la suivante : « [...] est-ce décidément profitable à mon travail d'éviter certaines

---

[1] « Le commerce dans la rue est en grande partie illégal et n'aime pas attirer l'attention sur lui... » (*Journal de Moscou*, *op. cit.*, p. 102).

[2] « Sur le marché, des baraques de Noël, des éventaires avec des jouets et du papier étaient installés sur sa première rangée qui courait le long de la rue. Derrière, vente d'articles de ménage, de chaussures... » (*ibid.*, p. 53-54).

[3] « La mendicité n'est pas agressive comme dans le Sud où l'insistance des gens en loques trahit encore un reste de vitalité. Ici c'est une corporation de moribonds. Les coins des rues, particulièrement des quartiers dans lesquels les étrangers doivent venir pour leurs affaires, sont garnis de ballots de guenilles tels des lits dans le grand hôpital de Moscou qui est à ciel ouvert... » (*ibid.*, p. 31-32).

[4] « J'étais, ce matin, au musée Koustarny. Il y avait de nouveaux très beaux jouets à voir... » (*ibid.*, p. 57).

[5] « La plus grande partie des employés sont des paysannes, et parmi eux pas beaucoup de membres du parti [...] En bonnes mères de famille, elles penchent calmement sur leur travail leur tête enveloppée dans une étoffe de laine ». Mais, conclut-il, « elles sont entourées d'affiches qui conjurent toutes les horreurs de l'exploitation mécanique » (*ibid.*, p. 94).

[6] *Ibid.*, p. 157.

[7] Il s'agit de la pièce intitulée *Le Revizor* (d'après Nicolaï V. Gogol). W. Benjamin note le 19 décembre : « Au théâtre, les applaudissements étaient parcimonieux et peut-être cela tient-il aussi davantage au mot d'ordre officiel qu'à l'impression initiale du public. Car la représentation a été assurément un plaisir des yeux », (*ibid.*, p. 47-48).

[8] *Ibid.*, p. 112.

outrances du "matérialisme", ou est-ce que je dois chercher à en discuter à l'intérieur du parti»[1] ?

Dans « Moscou », article publié à son retour dans *Die Kreatur*, revue dirigée par Martin Buber, W. Benjamin n'est guère plus éloquent. Il insiste essentiellement à nouveau sur quelques caractéristiques de la vie quotidienne moscovite (sur l'atmosphère particulière des rues de la capitale, sur l'ambiance qui règne dans les rames du tramway, sur la place réservée aux enfants dans la ville...). Cependant, au détour d'un paragraphe, certaines observations, plus politiques, questionnent directement les traits de la vie nouvelle qui s'esquissent au sein de ce vaste chantier révolutionnaire qui bouleverse les repères et les habitudes. Il s'exprime ainsi sur le nouveau rapport qui s'établit entre le pouvoir et l'argent (« L'Etat soviétique a mis fin [au] contact entre l'argent et le pouvoir », écrit-il tout en remarquant que si le Parti « se réserve le pouvoir », il « abandonne l'argent au *nepman* »[2]), sur la nature de classe et « de caste » de l'Etat soviétique (« [...] la signification sociale d'un citoyen » est « déterminée [...] uniquement par son rapport au parti », affirme-t-il[3]), sur l'enjeu que représente la mise à disposition de tous des richesses culturelles (plus précisément sur la nécessité de « poser les assises d'une culture générale pour des millions et des millions d'analphabètes »[4]), ou encore sur le culte voué à Lénine (« [...] le culte de son image va infiniment loin. On trouve un magasin spécial où l'on peut l'acheter dans tous les formats, dans toutes les attitudes, dans

---

[1] *Ibid.*, p. 113

[2] W. Benjamin, « Moscou » (1927), dans *Images de pensée*, *op. cit.*, p. 55. W. Benjamin fait allusion à ceux qui se sont enrichis depuis la mise en place en 1921 de la Nouvelle Politique Economique.

[3] *Ibid.*, p. 55-56.

[4] *Ibid.*, p. 61. Dans son *Journal de Moscou*, visitant la galerie Tretiakov, il avait insisté sur le fait que « le prolétariat a véritablement commencé ici à prendre possession des biens culturels bourgeois » (*op. cit.*, p. 119).

tous les matériaux » [1]). D'autres formules restent plus énigmatiques. Que veut vraiment dire W. Benjamin lorsqu'il écrit par exemple que le « bolchevisme a aboli la vie privée »[2] ?

Finalement, en constatant que « [b] ien des choses lui plaisaient, [que] bien d'autres le déroutaient, [que] bien des choses encore le laissaient pensif », A. Lacis résume très justement les sentiments éprouvés par W. Benjamin lors de ce séjour [3] . Le moins que l'on puisse dire est que W. Benjamin, contrairement à d'autres intellectuels, tels Ernst Bloch et Georg Lukács, ne montre pas une grande ferveur pour la réalité soviétique, dont il juge l'avenir incertain au regard des petits détails (qui renvoient aux succès et aux échecs de la révolution d'Octobre) ici et là récoltés lors de son voyage. Dans une lettre adressée à Jula Radt, le 26 décembre 1926, il avoue ne pas savoir ce qui adviendra de l'Union soviétique et se demande « ce qui en sortira [...] Peut-être une véritable société socialiste, peut-être tout autre chose »[4]. Notons également que plus tardivement, en 1938, préoccupé par la situation en Union soviétique (soucieux notamment du sort du romancier allemand communiste Ernst Ottwaldt qui a été arrêté en 1936 et de celui de l'écrivain et dramaturge soviétique Sergueï M. Tretiakov qui a été emprisonné en 1937 et qui pour Margarete Steffin n'est « certainement plus en vie »), W. Benjamin note scrupuleusement dans son carnet, sans toutefois les accompagner d'un commentaire explicite, les propos de

---

[1] *Ibid.*, p. 80. W. Benjamin privilégie cependant une image de Lénine, celle où le chef révolutionnaire, lisant la *Pravda* « apparaît dans toute la tension dialectique de sa nature : le regard certes tourné vers le lointain, mais le soin infatigable du cœur porté à l'instant présent ».

[2] *Ibid.*, p. 44. W. Benjamin écrit : « Pour chaque citoyen de Moscou les jours sont pleins jusqu'à ras bord. Des séances, des commissions sont à chaque heure convoquées dans les bureaux, les clubs, les usines » (*ibid.*, p. 46) !

[3] A. Lacis, *Profession : Révolutionnaire* (1971), trad. Ph. Ivernel, Grenoble, Presses Universitaires de Grenoble, 1989, p. 85.

[4] W. Benjamin, « Lettre à Jula Radt » (26 décembre 1926), *op. cit.*

Bertolt Brecht sur le fait qu'en Russie « règne une dictature *sur* le prolétariat »[1] !

Walter Benjamin et le marxisme

« Vers le soir Brecht me trouve dans le jardin en train de lire *Le Capital*. Brecht : "Je trouve cela très bien que vous étudiez Marx maintenant – alors qu'on le rencontre de moins en moins, et particulièrement peu chez nos gens." Je répondis que de préférence je lisais les livres très discutés quand ils étaient passés de mode... » [2]. Cet échange, non dénué d'humour, date de 1938. Si W. Benjamin n'a jamais été un *marxiste orthodoxe* (il écrit même à G. Scholem, le 6 mai 1934, que le communisme n'est qu'« un moindre mal »[3]), son *usage* de la pensée marxiste vise néanmoins une critique radicale du pouvoir bourgeois. A partir de 1924-1925, il entame donc un dialogue *compliqué* avec le matérialisme dialectique, qui, selon G. Scholem, constitue un « tournant qui l'amena par la suite, à formuler l'"idée de l'actualité d'un communisme radical" comme perspective parfaitement légitime de la vie politique »[4]. Aux objections de G. Scholem,

---

[1] W. Benjamin, « Notes de journal 1938 », dans *Ecrits autobiographiques*, trad. Chr. Jouanlanne et J.-Fr. Poirier, Paris, Christian Bourgois, 1990, p. 365.

[2] *Ibid.*, p. 361. B. Brecht fait sans doute aussi allusion à la politique menée par l'Internationale Communiste. On connaît par exemple les réticences par lui exprimées lors du Congrès international des écrivains pour la « défense de la culture » en juin 1935 à Paris, dont beaucoup d'interventions oublient selon lui la lutte de classe au nom de la politique de *front populaire* (« [...] camarades, réfléchissons aux racines du mal ! », s'exclame-t-il à la tribune), montrant les limites d'un rassemblement soucieux, en ces temps tourmentés, de préserver un certain consensus (le silence de W. Benjamin lors de cette manifestation est également éloquent).

[3] W. Benjamin, « Lettre à Gershom Scholem » (6 mai 1934), dans *Correspondance 2 (1929-1940)*, édition établie par G. Scholem et Th. W. Adorno, trad. G. Petitdemange, Paris, Aubier-Montaigne, 1979, p. 113.

[4] G. Scholem, *Walter Benjamin. Histoire d'une amitié*, *op. cit.*, p. 143.

qui tente de lui démontrer qu'il s'agit pour lui d'une « illégitime liaison »[1], W. Benjamin répond le 17 avril 1931 par cette formule : « [...] veux-tu m'interdire de pendre le drapeau rouge à la fenêtre, sous prétexte qu'il ne serait qu'un chiffon »[2] ? Le 17 juillet 1931, s'adressant à Th. W. Adorno, W. Benjamin écrit que « loin d'appliquer le marxisme en suivant chaque fil de son étoffe, on travaille avec lui, ce qui pour nous tous veut dire : se battre avec son aide »[3]. Les « clignotants communistes » évoqués par W. Benjamin fin 1924[4] et son attrait pour la praxis politique proposée par le communisme (une « conduite qui engage »[5]) se manifestent dans certains passages de *Sens unique*, livre dédié à A. Lacis, publié en 1928 mais préalablement conçu et rédigé. En recueillant, sous formes de détails révélateurs, quelques éclats de la vie quotidienne à l'époque de la République de Weimar, W. Benjamin saisit au vol les effets néfastes produits par la modernité capitaliste. Au détour d'images significatives et de formules acérées, la question de l'émancipation du prolétariat est posée. « Il invoque l'utopie prolétarienne et le nouveau rapport avec la nature et la technique que la victoire finale du prolétariat doit instaurer, plus volontiers que la notion d'idéologie et de superstructure », note Jean Lacoste[6], insistant ainsi sur la vision critique non dogmatique, en fait

---

[1] G. Scholem, « Lettre à Walter Benjamin » (30 mars 1931), *op. cit.*

[2] W. Benjamin, « Lettre à Gershom Scholem » (17 avril 1931), dans G. Scholem, *Walter Benjamin. Histoire d'une amitié*, *op. cit.*, p. 255.

[3] W. Benjamin, « Lettre à Wiesengrund-Adorno » (17 juillet 1931), dans *Correspondance Adorno – Benjamin 1928-1940*, édition présentée par Enzo Traverso, trad. Ph. Ivernel, Paris, La Fabrique, 2002, p. 51-52.

[4] W. Benjamin, « Lettre à Gershom Scholem » (22 décembre 1924), dans *Correspondance 1 (1910-1928)*, *op. cit.*, p. 336.

[5] W. Benjamin, « Lettre à Gershom Scholem » (16 septembre 1924), dans *Correspondance 1 (1910-1928)*, *op. cit.*, p. 325.

[6] J. Lacoste, « Préface », dans W. Benjamin, *Sens unique*, précédé de *Enfance berlinoise*, trad. J. Lacoste, Paris, Les Lettres Nouvelles / Maurice Nadeau, 1978, p. 22.

romantique anticapitaliste, développée par W. Benjamin [1]. Cependant, certaines contradictions du capitalisme sont clairement pointées et la problématique de la lutte des classes franchement abordée. Dans l'un de ces *éclats*, « Avertisseur d'incendie », W. Benjamin envisage le déclin du système et insiste sur le fait de savoir si la bourgeoisie s'effondrera « d'elle-même ou grâce au prolétariat » ; dans cette approche très actuelle de la question (au regard des risques de destruction de la planète que précipite la folle logique du capitalisme triomphant à l'échelle globale), il indique que la réponse qui y sera apportée conditionne « la survie ou [...] la fin d'une évolution culturelle trois fois millénaire » [2]. De même, dans « Vers le planétarium », la puissance, résistante et conquérante, du prolétariat, face à « l'impérialisme » et « à la soif de profits de la classe dominante »[3] qui s'approprient les innovations techniques pour renforcer leur domination sur la nature et sur l'homme, paraît être pour lui le seul recours pour éviter une inéluctable catastrophe et sauver l'humanité (« L'être vivant ne surmonte le vertige de l'anéantissement que dans l'ivresse de la procréation », écrit-il[4]). Dès lors, si même, comme le souligne J. Lacoste, certains thèmes

---

[1] M. Löwy note de son côté que W. Benjamin intègre sa « protestation romantique » à « sa critique marxiste *sui generis* des formes capitalistes d'aliénation ». Par ailleurs, l'auteur considère qu'après 1930, pour W. Benjamin, « le communisme primitif joue [le] rôle » du paradis perdu propre à la posture romantique (« comme d'ailleurs chez Marx et Engels », précise-t-il). Enfin, le texte de W. Benjamin sur Johan Jacob Bachofen (1935) représente pour M. Löwy « une des clefs les plus importantes pour comprendre sa méthode de construction d'une nouvelle philosophie de l'histoire à partir du marxisme et du romantisme » (« Walter Benjamin et le Romantisme », dans *Présence(s) de Walter Benjamin*, ouvrage collectif sous la direction de J.-M. Lachaud, Bordeaux, Publications du service culturel de l'Université Michel de Montaigne – Bordeaux 3, 1994, p. 75-82).

[2] W. Benjamin, « Avertisseur d'incendie », dans *Sens unique*, précédé de *Enfance berlinoise*, *op. cit.*, p. 205.

[3] W. Benjamin, « Vers le planétarium », dans *Sens unique*, précédé de *Enfance berlinoise*, *op. cit.*, p. 242.

[4] *Ibid.*, p. 243.

benjaminiens ont « une résonance toute heideggerienne », peut-on vraiment suivre l'auteur lorsque celui-ci en tire la conclusion suivante : « [...] Benjamin fut communiste sans être marxiste » [1] ? Rappelons toutefois qu'en 1934, W. Benjamin juge bon de préciser que « [s] on communisme, de toutes les formes et expressions possibles qu'il est susceptible de prendre, est le plus éloigné de celle d'un "credo" », ajoutant qu'« au prix même de son orthodoxie, il n'est rien mais vraiment rien que l'expression de certaines expériences faites dans ma pensée et dans ma vie»[2].

La découverte de certains ouvrages marxistes[3] participe évidemment à l'affirmation de l'« orientation marxiste »[4] de W. Benjamin. Lecteur de Lénine[5], de Trotsky[6], de Karl Korsch[7], il est plus particulièrement interpellé par *Histoire et conscience de classe* (1923) de Georg Lukács. C'est très précisément la théorie de la connaissance proposée par G. Lukács qui retient son attention. En effectuant un retour à Hegel et à Marx, à la dialectique, G. Lukács, en effet, exige

---

[1] J. Lacoste, « Préface », dans W. Benjamin, *Sens unique*, précédé de *Enfance berlinoise*, *op. cit.*

[2] W. Benjamin, « Lettre à Gershom Scholem » (6 mai 1934), *op. cit.*

[3] Nous ne retenons ici que deux exemples.

[4] J.-M. Palmier, *Walter Benjamin. Le Chiffonnier, l'Ange et le Petit Bossu*, *op. cit.*, p. 255.

[5] « Mon frère m'a offert le premier volume en allemand des textes choisis de Lénine. J'attends avec grande impatience le second qui va contenir les textes philosophiques et qui paraît sous peu », écrit-il à G. Scholem le 21 juillet 1925 (dans *Correspondance 1 (1910-1928)*, *op. cit.*, p. 362).

[6] Dans *Walter Benjamin. Histoire d'une amitié*, G. Scholem rapporte que W. Benjamin a lu *Où va l'Angleterre ?* (*op. cit.*, p. 149) et fut plus tard enthousiaste à la lecture de *Ma vie* et de *Histoire de la révolution russe* (*ibid.*, p. 206).

[7] Dans sa « Lettre à Wiesengrund-Adorno » du 10 novembre 1930 (dans *Correspondance Adorno – Benjamin 1928-1940*, *op. cit.*, p. 50), W. Benjamin l'informe avoir lu *Marxisme et Philosophie*, ajoutant sous forme de commentaire : « De bien faibles petits pas, me semble-t-il – sur la bonne voie ».

du marxisme une « connaissance du présent »[1], s'appuyant sur l'analyse de l'articulation dialectique du sujet et de l'objet agissante au sein du processus historique. Dans sa lettre à G. Scholem du 16 septembre 1924, W. Benjamin précise ainsi son intérêt pour les propositions lukácsiennes : « Dans l'espace communiste le problème de "la théorie et de la praxis" me semble se poser en ces termes que, quelle que soit la disparité à sauvegarder entre ces deux registres, une certaine intelligence de la théorie est ici justement liée à la praxis. Du moins je vois très nettement comment chez Lukács cette affirmation possède un noyau philosophique dur et comment toute autre approche n'est jamais que phraséologie démagogique et bourgeoise »[2]. Quelques années plus tard, le 7 mars 1931, s'adressant à Max Rychner, W. Benjamin aborde l'enjeu de la problématique du dépassement dialectique de l'opposition sujet/objet : « Que la réalité historique possède un coefficient propre grâce auquel toute connaissance authentique de cette réalité mène le sujet à se connaître lui-même, non pas d'un point de vue psychologique, mais dans le sens d'une philosophie de l'histoire »[3]. Mais, si le concept lukácsien de « totalité concrète », conçue comme « catégorie fondamentale de la réalité »[4], interpelle alors W. Benjamin, la singularité de son matérialisme ne peut être cernée qu'en prenant en considération l'importance qu'il accorde au fragment. Th. W. Adorno saisit bien cette *divergence* lorsqu'il définit l'approche matérialiste de W. Benjamin : « Interpréter des phénomènes du point de vue matérialiste signifiait, selon lui, moins les expliquer à partir de la totalité sociale que les mettre en relation, de façon isolée, avec des tendances

---

[1] G. Lukács, *Histoire et conscience de classe* (1923), trad. K. Axelos et J. Bois, Paris, Minuit, 1968, p. 10.

[2] W. Benjamin, « Lettre à Gershom Scholem » (16 septembre 1924), dans *Correspondance 1 (1910-1928)*, *op. cit.*, p. 325.

[3] W. Benjamin, « Lettre à Max Rychner (7 mars 1931), dans *Correspondance 2 (1929-1940)*, *op. cit.*, p. 43.

[4] G. Lukacs, *Histoire et conscience de classe*, *op. cit.*, p. 28.

matérielles et des luttes sociales. Il pensait ainsi échapper à l'aliénation et à la réification, formes sous lesquelles l'examen du capitalisme en tant que système risque d'être assimilé à son objet»[1].

Dans le Livre I du *Capital*, en étudiant le « procès de production du capital », Karl Marx définit ce qu'il nomme le fétichisme de la marchandise. Le « caractère fétiche » de la marchandise est ainsi pensé en liaison avec le développement généralisé de la forme marchandise. Plus précisément, pour reprendre le commentaire d'Emmanuel Renault, si « l'on considère avec Marx que la croyance fétichiste en l'existence d'une valeur intrinsèque à la chose est constitutive de la marchandise [...] on pourra donc dire que forme marchandise, fétichisme et capital se présupposent réciproquement »[2]. Dans *Histoire et conscience de classe*, s'appuyant sur les écrits de Marx, G. Lukács, construit une théorie de la réification[3], selon laquelle l'universalisation de la forme marchandise dans la logique du capitalisme aboutit à ce que tout, y compris l'action humaine, soit pétrifié en une objectivité chosale. Pour M. Löwy, en mettant « plus que Marx l'accent sur les aspects « psychiques » (intellectuels et moraux) de la réification capitaliste », G. Lukács insiste sur le processus d'aliénation qui défigure l'homme[4]. W. Benjamin n'est pas insensible à cette question. Dans ses écrits sur Charles Baudelaire, « un poète lyrique à l'apogée

---

[1] Th. W. Adorno, « Portrait de Walter Benjamin » (1950), dans *Prismes* (1955), trad. G. et R. Rochlitz, Paris, Payot, 1986, p. 209.

[2] E. Renault, *Le vocabulaire de Marx*, Paris, Ellipses, 2001, p. 24. Voir également l'article de Georges Labica, « Fétichisme (de la marchandise) », dans *Dictionnaire critique du marxisme*, ouvrage collectif sous la direction de Gérard Bensussan et de G. Labica, Paris, Presses Universitaires de France, p. 368-370.

[3] Voir l'article de G. Labica, « Réification », dans *Dictionnaire critique du marxisme*, *op. cit.*, p. 771-774.

[4] M. Löwy, *Pour une sociologie des intellectuels révolutionnaires, L'évolution politique de Lukács (1909-1929)*, Paris, Presses Universitaires de France, 1976, p. 214.

du capitalisme »[1], W. Benjamin évoque l'« homme aliéné » et la séduction à laquelle succombe le flâneur face à l'attractivité envoûtante de la marchandise. De même, dans *Paris, capitale du XIXe siècle*, les pages du *Capital* sur le fétichisme de la marchandise sont citées à plusieurs reprises, dans la partie intitulée « Expositions, publicité, Grandville »[2] et, évidemment, dans celle consacrée à Marx[3] (au sein de laquelle est également mentionné K. Korsch), avec des citations sur le travail, l'aliénation, la propriété, la valeur d'usage et la valeur d'échange, le *fétiche* marchandise… Incontestablement, l'analyse marxiste de la marchandise joue un rôle important pour saisir les réflexions benjaminiennes sur la modernité baudelairienne et son ambiguïté (« L'entreprise de Baudelaire consista à mettre en évidence dans la marchandise l'aura qui lui appartient en propre. Il a cherché à humaniser la marchandise de façon héroïque », écrit-il[4]). Pour Rainer Rochlitz, W. Benjamin « s'efforce de faire rentrer les aspects critiques de l'œuvre baudelairienne dans le schéma du fétichisme de la marchandise »[5] ; ce que montrent les analyses consacrées aux passages parisiens (W. Benjamin articule son approche sur l'économie, le développement des grands magasins, l'architecture et les modes de vie qui en découlent) ou encore à l'appauvrissement de l'expérience. Effectivement, la conscience réifiée constitue bien pour W. Benjamin un frein à toute libération représentant, comme le note Richard Wolin, « un produit de l'engourdissement quasi hypnotique dans

---

[1] W. Benjamin, *Charles Baudelaire, un poète lyrique à l'apogée du capitalisme*, trad. J. Lacoste, Paris, Payot, 1982.

[2] W. Benjamin, *Paris, capitale du XIXe siècle*, édition établie par R. Tiedemann, trad. J. Lacoste, Paris, Cerf, 1989, p. 190-219.

[3] *Ibid.*, p. 665-684.

[4] W. Benjamin, *Charles Baudelaire, un poète lyrique à l'apogée du capitalisme*, *op. cit.*, p. 228.

[5] R. Rochlitz, *Le désenchantement de l'art. La philosophie de Walter Benjamin*, Paris, Gallimard, 1992, p. 238.

lequel l'humanité est bercée » au regard du « caractère fantasmagorique de la production de marchandises »[1].

Walter Benjamin et Ernst Bloch

De même, des rencontres décisives accompagnent le cheminement vers le marxisme de W. Benjamin [2]. L'expression « amitié difficile », retenue par Arno Münster[3], caractérise bien la nature des relations qu'entretiennent Ernst Bloch et W. Benjamin dès leur rencontre à la fin des années 1910. Si ce dernier avoue avoir été marqué par leurs premières discussions politiques (en septembre 1919, il reconnaît par exemple qu'elles remettent en cause son « refus de toute tendance politique actuelle »[4]), le débat intermittent qu'ils poursuivent ensuite (à distance le plus souvent), et dont le cadre et les terrains ne sont pas toujours explicitement délimités, laisse apparaître d'incontestables malentendus et divergences (philosophiques et politiques)[5]. W. Benjamin,

---

[1] Richard Wolin, « Expérience et matérialisme », dans *Walter Benjamin et Paris*, études réunies par Heinz Wismann, Paris, Cerf, 1986, p. 678.

[2] Là encore, seules les rencontres et discussions avec E. Bloch et avec B. Brecht sont évoquées. Il serait évidemment nécessaire, dans le cadre des rapports de W. Benjamin avec le marxisme, de s'attarder également sur les relations qui se tissèrent entre W. Benjamin et Th. W. Adorno ; la correspondance assidue entre W. Benjamin et Gretel Adorno nous informe ainsi sur le débat théorique difficile qui se développe entre eux et sur les rapports délicats que W. Benjamin entretient avec l'Institut de Recherches Sociales basée aux Etats-Unis (*Gretel Adorno – Walter Benjamin. Correspondance (1930-1940)*, trad. Chr. David, Paris, Le Promeneur/Gallimard, 2007).

[3] A. Münster, *Figures de l'utopie dans la pensée d'Ernst Bloch*, Paris, Aubier, 1985, p.111-129.

[4] W. Benjamin, « Lettre à Gershom Scholem » (19 septembre 1919), dans *Correspondance 1 (1910-1928)*, *op. cit.*, p. 202.

[5] Ce, alors qu'à « première vue, la biographie intellectuelle, littéraire et philosophique de Walter Benjamin et d'Ernst Bloch semble être marquée par un grand nombre de points communs », note A. Münster (*Figures de l'utopie dans la pensée d'Ernst Bloch*, *op. cit.*, p. 111), qui insiste sur leur évolution vers le marxisme et sur leur souci de ne pas rompre avec « une tradition de pensée marquée par la théologie (une théologie rebelle se

ainsi, effectue une lecture assez *mitigée* de *L'Esprit de l'utopie* (1918) – « [...] tout n'est pas à approuver, loin de là », note-t-il [1] – et accueille plus tard très sévèrement *Héritage de ce temps* (1935) – le jugement de W. Benjamin est sans appel : ce livre « ne correspond en aucune manière à la situation de sa parution » et si E. Bloch « a d'excellentes intentions et de grandes idées », il se refuse à les mettre en œuvre « en les pensant » [2] (un an plus tôt, E. Bloch, s'adressant à W. Benjamin constatait que « notre pensée suit des chemins de plus en plus différents »[3]). En 1939, évoquant

---

mettant au service des opprimés) ». Dans son « Fragment théologico-politique » rédigé en 1920-1921 (dans *Œuvres 1*, trad. M. de Gandillac, P. Rusch et R. Rochlitz, Paris, Gallimard, 2000, p. 263-265), par exemple, W. Benjamin semble poursuivre la discussion entamée avec l'œuvre d'E. Bloch. Si W. Benjamin s'attache à confronter messianisme et politique, il ne s'agit point pour lui d'envisager de hâter l'avènement du Messie ; en distinguant le temps sacré et le temps profane, le messianisme ne relève pas pour lui d'une utopie politique. Cependant, selon M. Löwy (qui insiste sur l'importance qu'a représenté pour W. Benjamin la lecture du livre de Franz Rosenweig paru en 1921, *L'Etoile de la Rédemption*), W. Benjamin à propos de la question du bonheur et de la libération de l'Humanité, esquisse une « médiation » entre les luttes profanes et « l'accomplissement de la promesse messianique » (*Walter Benjamin : Avertissement d'incendie. Une lecture des thèses* « Sur le concept d'histoire », *op. cit.*, p. 9).

[1] W. Benjamin, « Lettre à Gershom Scholem » (15 septembre 1919), dans *Correspondance 1 (1910-1928)*, *op. cit.*, p. 200. Au-delà d'un désaccord politique (l'intérêt manifesté par E. Bloch pour la révolution soviétique) et des réserves exprimées sur la théorie de la connaissance proposée par l'ouvrage, A. Münster précise que la question du judaïsme abordée par E. Bloch, « paradoxalement », nourrit les réticences benjaminiennes (*Figures de l'utopie dans la pensée d'Ernst Bloch*, *op. cit.*, p. 116-119). Dans une lettre à G. Scholem du 13 février 1920 (dans *Correspondance 1 (1910-1928)*, *op. cit.*, p. 216), W. Benjamin, rejetant l'« indiscutable christologie » d'E. Bloch, mentionne « un refus du livre dans ses prémisses théoriques, un refus en bloc, mais retenu ».

[2] W. Benjamin, « Lettre à Alfred Cohn » (6 février 1935), dans *Correspondance 2 (1929-1940)*, *op. cit.*, p. 150-151.

[3] E. Bloch, « Lettre à W. Benjamin » (30 avril 1934), reproduite dans A. Münster, dans *Figures de l'utopie dans la pensée d'Ernst Bloch*, *op. cit.*, p. 181.

la philosophie de l'Histoire blochienne, W. Benjamin écrit à Gretel Adorno qu'E. Bloch est « quelque peu dépaysé, non seulement sur la terre mais aussi dans l'histoire mondiale »[1] ! Dans *Héritage de ce temps*, E. Bloch analyse le développement, sur le mode du morcellement et du fragmentaire, de la réflexion benjaminienne et loue la pénétration du passé auquel se consacre, dans une perspective « archéologique », l'auteur de *Paris, capitale du XIXe siècle*, tout en précisant les risques qui menacent pareille tentative, notamment une idéalisation non critique d'un ordre ancien sans référence aux mouvements d'à-venir présentement observables. E. Bloch, penseur des *petites formes* qui jaillissent des ruines des constructions rigides et monumentales du passé aujourd'hui impensables, et dont l'utilisation, dans les domaines artistique et littéraire fut positive, définit l'originalité de la *déambulation* philosophique benjaminienne ainsi : « [...] en tant que forme de l'interruption, en tant que forme de l'improvisation, dans de brusques regards transversaux qui saisissent des détails et des fragments qui d'ailleurs ne recherchent pas un "système" »[2]. Au travers de ce « collectage surréaliste des regards perdus et des choses les plus familières »[3], c'est une double invisibilité que W. Benjamin nous invite à violer, provoquant ainsi les conditions d'une rencontre conflictuelle entre deux présences simultanément agissantes, entre deux réalités reconnues en tant que telles, non achevées, mais pouvant être entravées dans leur développement futur par le tragique, qui, dans certains textes de l'auteur, est perçu comme le moteur de l'histoire. C'est précisément à ce propos, sur la problématique du devenir, que paraissent se séparer le

---

[1] Pour Marc Jimenez (qui cite cette « Lettre à Gretel Adorno » dans *Vers une esthétique négative. Adorno et la modernité*, Paris, Le Sycomore, 1983, p. 197), W. Benjamin refuse « ce qui prend chez Ernst Bloch la forme d'une utopie positive ».

[2] E. Bloch, *Héritage de ce temps* (1935), trad. J. Lacoste, Paris, Payot, 1978, p. 341.

[3] *Ibid.*, p. 343.

cheminement d'E. Bloch et celui de W. Benjamin. « Cette philosophie est fondamentale en tant que montage qui collabore à la construction de véritables enfilades de rues, de telle manière que le fragment, et non l'intention, "meure de vérité", et soit mis à profit pour la réalité. Les rues à sens unique, elles aussi, ont un but »[1]. E. Bloch, en affirmant un objectif, un but à atteindre, c'est-à-dire l'existence d'une issue, adopte une vision *optimiste* concernant les possibles en travail au sein du processus qui fait se mouvoir le développement historique du monde ; sa pensée, tout en récupérant les éléments *actifs* du passé, se projette, y compris en se positionnant *en attente* (dans une posture illusoirement immobile), au sein du non-encore-advenu. En fait, la controverse met en présence deux philosophies de l'Histoire, dont l'une (celle de Bloch) est mue par la manifestation d'une utopie positive, et l'autre (celle de Benjamin) par celle d'une utopie *relativement* négative, dont l'ambiguïté, comme le montre Marc Jimenez [2], n'échappe pas au regard critique de Th. W. Adorno et de Max Horkheimer. La réflexion de W. Benjamin se fonde sur un amoncellement de thèmes, au sein desquels agissent des fragments (son usage de la *citation* est significatif), paradoxalement riches de la précarité de leur *situation* et de l'inachèvement qui définit leur présence et leur devenir. Mais, si cet édifice repose sur l'accumulation et sur l'hétérogénéité, sur le mélange et sur le heurt, il happe et fait vibrer « quelque chose de cette force de l'universel qui se volatilise dans le projet global », selon l'expression de Th. W. Adorno[3]. L'enjeu de la dispute se situe au niveau de la vision tragique de l'Histoire selon W. Benjamin ; pour A. Münster, face à cette position, E. Bloch « oppose, avec le "*Principe Espérance*", une conception plus combattante, plus confiante dans l'accomplissement du processus historique, du

---

[1] *Ibid.*

[2] M. Jimenez, *Vers une esthétique négative. Adorno et la modernité*, *op. cit.*, p. 194-197.

[3] Th. W. Adorno, « Introduction aux écrits de Benjamin » (1955), *op. cit.*, p. 401.

destin du monde, dans une *utopie positive* »[1]. Si la recherche blochienne est radicalement *optimiste*, indissociable d'un effort visant à montrer la réalité des possibles, passionnément *du côté* de l'Espérance, peut-on saisir celle de W. Benjamin, à l'inverse, comme tragiquement liée au désespoir ? N'y a-t-il pas, ici ou là, des points de rencontre envisageables ? W. Benjamin est-il réellement *en retrait* ? Les rues *à sens unique* qu'il parcourt n'ouvrent-elles pas sur quelques *passages* à explorer ? Certes, dans « Zentral Park », il indique que le « cours de l'histoire [...] se présente sous le concept de la catastrophe »[2], alors que les thèses « Sur le concept d'histoire » paraissent mettre en doute la possibilité d'un réel progrès historique, même si W. Benjamin insiste sur les moments exceptionnels, défis fascinants mais dispersés, qui interrompent, de loin en loin, le développement historique du monde, réalité imprévisible d'un « arrêt messianique du devenir », permettant de « sortir par effraction du cours homogène de l'histoire »[3]. Mais, simultanément, ne précise-t-il pas que le désir baudelairien – « Interrompre le cours du monde » – est toujours actuel, sans doute comme « sa violence, son impatience et sa colère »[4] ; ne nous assigne-t-il pas la mission, la tâche, « de brosser l'histoire à rebrousse-poil »[5] ? En fait, comme le suggère M. Löwy[6], ne pouvons-nous pas comprendre la philosophie de l'histoire benjaminienne comme porteuse d'une double nécessité, celle d'assurer la « restauration de l'harmonie cosmique brisée » et celle d'assumer la « Rédemption messianique » ? Autrement

[1] A. Münster, *Figures de l'utopie dans la pensée d'Ernst Bloch*, *op. cit.*, p. 126.

[2] W. Benjamin, «Zentral Park », *op. cit.*, p. 13.

[3] W. Benjamin, *Thèses sur la philosophie de l'histoire* (1940), dans W. Benjamin, *Essais 2*, trad. M. de Gandillac, Paris, Denoël-Gonthier, 1983, p. 206.

[4] W. Benjamin, « Zentral Park », *op. cit.*, p. 16.

[5] W. Benjamin, *Thèses sur la philosophie de l'histoire*, *op. cit.*, p. 199.

[6] M. Löwy, « W. Benjamin critique du progrès : à la recherche de l'expérience perdue », dans *Walter Benjamin à Paris*, *op. cit.*, p. 639.

dit, Benjamin ne se tourne-t-il pas vers le passé pour s'orienter « vers l'avenir messianique/révolutionnaire » ?

Walter Benjamin et Bertolt Brecht

W. Benjamin rencontre B. Brecht en 1929 ; débute alors, malgré d'indéniables incompréhensions partagées, une amitié durable, comme en témoignent par exemple le projet de publier ensemble une revue, leurs nombreuses discussions sur la situation de l'Union soviétique stalinisée ou les séjours de W. Benjamin à Svendborg, l'exil danois de B. Brecht [1]. W. Benjamin, dans plusieurs textes, fait l'éloge de l'œuvre brechtienne et de son caractère matérialiste et dialectique[2] : ainsi, à propos de *L'Opéra de quat'sous*, il souligne la richesse d'un parti pris fondé sur la « mise au point d'un langage radicalement et entièrement dégagé de toute magie »[3] ; de même, s'intéressant à quelques personnages brechtiens, il insiste sur le fait que pour B. Brecht, l'« écrit [...] n'est pas œuvre, mais appareil, instrument »[4]. Certes, comme le remarque Rolf Tiedemann, les écrits sur B. Brecht ne peuvent permettre d'approcher « la totalité complexe du

---

[1] Rappelons qu'alors que W. Benjamin s'apprête à rejoindre B. Brecht, G. Adorno, avec la plume franche qui caractérise la manière de s'adresser à son correspondant, met ce dernier en garde contre la mauvaise et dangereuse influence brechtienne. Aux observations de son amie, W. Benjamin répond sans détour début juin 1934 : « [...] je dois demander à mes amis de me faire confiance car ces engagements, dont les dangers sont évidents, prouveront un jour leur fécondité » (ces passionnants échanges sont publiés dans *Gretel Adorno – Walter Benjamin. Correspondance (1930-1940)*, *op. cit.*).

[2] Rolf Tiedemann qualifie les textes benjaminiens consacrés à B. Brecht d'« exégèses scolastiques » (« L'art de penser dans la tête des autres », dans W. Benjamin, *Essais sur Brecht*, trad. Ph. Ivernel, Paris, La Fabrique, 2003, p. 218).

[3] Ces propos sont rapportés par G. Scholem, qui lui n'appréciait guère cette œuvre (*Walter Benjamin. Histoire d'une* amitié, *op. cit.*, p. 231).

[4] W. Benjamin, « Bert Brecht » (1930), dans *Essais sur Brecht*, *op. cit.*, p. 16.

matérialisme benjaminien »[1] ; mais ils explicitent néanmoins clairement une attente concernant l'émergence d'un art politiquement révolutionnaire.

Dans les deux versions de « Qu'est-ce que le théâtre épique ? » (1931 et 1939), W. Benjamin analyse la nouveauté (esthétique) et l'efficacité (politique) du théâtre brechtien (un théâtre par ailleurs « à la hauteur de la technique », écrit-il[2]). Prenant en considération les réalités cinématographique et radiophonique, évaluant les conséquences liées au fait que « c'est en podium que la scène s'est muée »[3], il affirme que le théâtre épique répond aux défis de son époque, en bouleversant les « rapports fonctionnels entre scène et public, texte et représentation, régisseur et acteur »[4]. Ce théâtre non-aristotélicien, anti-contemplatif, qui s'adresse aux masses (les spectateurs, collectif de « personnes intéressées », sont sollicités pour exprimer une « prise de position réfléchie »[5]) renouvelle les conceptions de la fable et du héros, réinvente l'art de la mise en scène[6], développe un « gestus citable »[7] et repense les modes de jeu de l'acteur[8]. Montrant des « situations » et découvrant des « états de choses », le théâtre

---

[1] R. Tiedemann, « L'art de penser dans la tête des autres », *op. cit.*, p. 224.

[2] W. Benjamin, « Qu'est-ce que le théâtre épique ? » (1931), dans *Essais sur Brecht*, *op. cit.*, p. 24.

[3] *Ibid.*, p. 19.

[4] *Ibid.*

[5] W. Benjamin, « Qu'est-ce que le théâtre épique ? » (1939), dans *Essais sur Brecht*, *op. cit.*, p. 38.

[6] « Si le programme de formation marxiste est déterminé dans son ensemble par la dialectique à l'œuvre entre le comportement de l'enseignant et celui de l'apprenant, l'analogue se fait jour dans le théâtre épique avec l'incessante confrontation entre l'événement scénique qui est montré et le comportement de scène qui le montre », note-t-il (*ibid.*, p. 31).

[7] *Ibid.*, p. 42-43.

[8] Sur le théâtre brechtien, le lecteur peut se reporter, parmi d'autres publications, aux analyses contenues dans *Bertolt Brecht*, ouvrage collectif sous la direction de Ph. Ivernel et de J.-M. Lachaud, *Europe*, n° 856-857, août-septembre 2000.

épique fait surgir les contradictions qui rongent le monde réel, ainsi que celles qui déterminent les pensées et les actions des individus (pour W. Benjamin, Galy Gay, le personnage *d'Homme pour homme*, peut être considéré comme « un théâtre des contradictions de l'ordre social que nous connaissons »[1]). Dans un court texte consacré en 1932 à *La Mère*[2], W. Benjamin dévoile ce qui lui semble être la puissance politique du théâtre épique. Pour lui, Pélagie Vlassova, la mère, doublement exploitée (en tant qu'ouvrière et en tant que femme), « confirme Marx et Lénine par ses expériences » (son parcours de vie et sa prise de conscience deviennent des *modèles*[3]), parce qu'elle devient sur la scène épique « la praxis incarnée » ou « la praxis devenue chair».

Dans sa conférence intitulée « L'Auteur comme producteur » (1934), W. Benjamin propose de penser dialectiquement l'articulation entre la tendance politique et le critère qualitatif (artistique) de l'œuvre d'art. Pour lui, la tendance politique *juste* d'une production s'accompagne nécessairement d'une exigence artistique, base qualitative fondamentale de l'œuvre : « [...] la tendance d'une œuvre politique ne peut fonctionner politiquement que si elle fonctionne littérairement aussi »[4]. Plus précisément, W. Benjamin résume en ces termes son hypothèse : « [...] la tendance politique juste d'une œuvre donnée inclut sa qualité littéraire *pour la raison* qu'elle inclut sa *tendance* littéraire »[5]. En refusant les débats *traditionnels* sur la question de la relation entre la forme et le contenu de l'œuvre, W. Benjamin

---

[1] W. Benjamin, « Qu'est-ce que le théâtre épique ? » (1931), *op. cit.*, p. 27.

[2] W. Benjamin, « Un drame de famille sur la scène du théâtre épique » (1932), dans *Essais sur Brecht*, *op. cit.*, p. 54-58.

[3] Fred Fischbach (*L'évolution politique de* Bertolt *Brecht de 1913 à 1933*, Lille, Publications de l'Université de Lille 3, 1976, p. 125) écrit à juste titre que son « apprentissage », parce qu'apparaissant « comme un progrès de la raison », devient donc « imitable ».

[4] W. Benjamin, « L'Auteur comme producteur » (conférence prononcée le 27 avril 1934), dans *Essais sur B. Brecht*, *op. cit.*, p. 123.

[5] *Ibid.*, p. 123-124.

privilégie le fait d'inscrire l'œuvre dans « le contexte social vivant » de son temps. Il s'attache dès lors à interroger la place et la fonction que celle-ci occupe au sein des rapports de production d'une époque déterminée (« [...] comment se pose-t-elle *en* eux ? », demande-t-il[1]). Au-delà, l'œuvre d'art, pour W. Benjamin, « est définie parce qu'elle produit, ce qu'elle est susceptible de transformer », note Pascal Maillard[2].

Engageant le débat sur la problématique de la technique, se référant à l'*art opératoire* pratiqué par S. M. Tretiakov et à l'exemple de la presse soviétique[3], W. Benjamin affirme que les techniques littéraires et artistiques (liées au développement des forces motrices de la société) doivent être à la hauteur des combats engagés. Dans cette perspective, il ironise sur la position adoptée par les écrivains bourgeois progressistes allemands qui déclarent par « conviction » soutenir le socialisme et se tenir *aux côtés* du prolétariat sans cependant s'exprimer et agir « en tant que producteur [s] »[4]. En fait, n'interrogeant pas le rôle qu'ils jouent dans le processus de production, ils se trouvent dans l'impossibilité de promouvoir la transformation même de leur fonction, donc celle de l'appareil de production. De même, il critique la technique du reportage photographique de la Nouvelle Objectivité, qui ne s'attache pas à la réalité elle-même, mais à l'image constamment *sublimée* qu'elle en donne[5]. Autrement

---

[1] *Ibid.*, p. 125.

[2] P. Maillard, « Lecture de W. Benjamin », dans *Critique de la Théorie critique*, ouvrage collectif sous la direction d'Henri Meschonnic, Paris, Presses Universitaires de Vincennes, 1985, p. 130.

[3] Par la socialisation de l'écriture que l'expérience esquisse, c'est selon lui l'édifice théorique sur lequel repose la séparation entre auteurs et lecteurs qui se lézarde.

[4] W. Benjamin, « L'Auteur comme producteur », *op. cit.*, p. 129. « [...] le lieu de l'intellectuel dans la lutte des classes ne peut être fixé, ou mieux, choisi, que sur la base de sa place dans le processus de production », précise-t-il (*ibid.*, p. 131-132).

[5] « Elle a réussi à faire de la misère elle-même, en la concevant avec les perfectionnements à la mode, un objet de plaisir », écrit-il (*ibid.*, p. 134).

dit, pour W. Benjamin, les écrivains et les artistes doivent travailler à la transformation de l'appareil de production, par la matière qu'ils lui fournissent. Rappelant le parti pris brechtien, il conclut que l'exigence est « de ne pas approvisionner l'appareil de production sans le transformer simultanément, selon les normes du possible, dans le sens du socialisme »[1].

W. Benjamin n'exige donc pas un art de propagande ; à la tendance, fut-elle *juste*, doit s'adjoindre la formulation de « l'attitude par laquelle on doit s'y conformer »[2]. Il développe son propos en indiquant que c'est à l'auteur qu'incombe la responsabilité de donner la marche à suivre pour la construction de l'organisation de cette attitude. Le « "caractère de modèle" de la production » est décisif, non seulement pour guider d'autres producteurs, mais pour mettre « à leur disposition un appareil amélioré »[3]. En ce sens, il considère que le théâtre épique, remettant radicalement en cause un appareil scénique entravant tout travail novateur, renoue avec les possibilités annoncées par le Dadaïsme[4]. Les rapports établis par le théâtre ancien sont ainsi bouleversés et volent en éclats. Le public n'est plus une masse anonyme passive, le jeu de l'acteur s'écarte du sensationnel et l'identification est combattue. Au cœur du dispositif épique, se trouve le montage, détruisant l'aspect illusoire du théâtre récréatif. A l'interruption est dévolu le rôle moteur, « [...] l'élément montré interrompt en effet la continuité dans laquelle il est monté » [5] . De cette pratique, naissent

---

[1] *Ibid.*, p. 132.
[2] *Ibid.*, p. 138.
[3] *Ibid.*
[4] « La force révolutionnaire du dadaïsme consistait à mettre en question l'authenticité de l'art. On composait des natures mortes à l'aide de billets, de bobines de fil, de mégots de cigarettes, qui étaient reliés à des éléments picturaux. On encadrait le tout. Et ainsi montrait-on au public : "Voyez, le cadre de vos tableaux fait exploser le temps : le plus minuscule fragment authentique de vie quotidienne en dit plus que la peinture" » (*ibid.*, p. 133).
[5] *Ibid.*, p. 124.

l'étonnement et l'interrogation, l'action interrompue favorisant une expérience salvatrice du choc. Le spectateur, tout comme l'acteur, est dans l'obligation de prendre parti, vis-à-vis de l'intrigue, mais aussi au regard du monde concret dans lequel ils vivent. B. Brecht « vise moins à faire partager au public des sentiments, même s'il s'agissait de celui de révolte, qu'à lui faire considérer par la pensée, à distance et de façon durable, la situation dans laquelle il vit. », écrit W. Benjamin[1].

Walter Benjamin et le Surréalisme (vers une théorie matérialiste de l'image ?)

En 1929, W. Benjamin publie un essai sur le Surréalisme[2], dont le sous-titre précise son intention, puisque le Surréalisme est identifié en tant que « dernier instantané de l'intelligence européenne ». W. Benjamin n'envisage pas l'émergence surréaliste comme une simple rupture interne au champ artistique et littéraire. Ce mouvement est approché au regard de la volonté romantique (« de beauté », « de vérité » et « d'action ») qu'il exprime et de la critique de l'idéologie du progrès et de la vie moderne qu'il porte. En ce sens, il n'est guère éloigné de la protestation anticapitaliste qu'affirme le romantisme révolutionnaire (en effet, au sein de ce courant, indique M. Löwy, la « nostalgie du passé se transforme en énergie critique, en force subversive, entièrement investie dans l'espérance utopique »[3]). *Traquant* l'« illumination profane » qui jaillit au cœur des œuvres surréalistes et décrivant la « dialectique de l'ivresse » sur laquelle s'édifie cette quête de mondes insoupçonnés, W. Benjamin admet que le Surréalisme s'efforce de briser la (fausse) cohérence du monde établi, le déséquilibre et, peut-

---

[1] *Ibid.*, p. 126.
[2] W. Benjamin, « Le Surréalisme » (1929), dans *Mythe et violence*, trad. M. de Gandillac, Paris, Denoël / Les Lettres nouvelles, 1971, p. 297-314.
[3] M. Löwy, « Walter Benjamin et le Romantisme », dans *Présence(s) de Walter Benjamin*, *op. cit.*, p. 82.

être ainsi, participe à sa transformation (« Vivre dans une maison de verre est une vertu révolutionnaire par excellence. Mais c'est aussi une ivresse, un exhibitionnisme moral dont nous avons grand besoin », précise-t-il[1]).

Proche des thèses sur le « développement dialectique du Surréalisme » défendues par Pierre Naville[2], W. Benjamin considère que le Surréalisme, en collectionnant les ruines du monde ancien et en les recollant pour construire d'inédits *passages*, nous incite à visionner les éventuelles voies d'accès susceptibles de nous mener vers ce qui n'est pas encore. Dès lors, en politisant « le regard historique sur le passé », le Surréalisme peut certes n'être que révolte ; mais, il peut aussi réactiver l'« idée radicale de la liberté » qui caractérise la praxis révolutionnaire. L'activisme surréaliste peut donc « [p] rocurer à la révolution les formes de l'ivresse »[3]. Les surréalistes, « déchiffreurs de signe », se positionnant (en réhabilitant la puissance de l'imaginaire) au-delà des limites figées du réel immédiat, au cœur de l'édifice de verre[4], tracent des chemins qui ne peuvent que nouer d'évidents nœuds avec l'espérance communiste. « Lorsque s'interpénètrent en elle (l'illumination profane) corps vivant et espace d'images assez profondément pour que toute tension révolutionnaire, toute innervation du corps vivant collectif devienne décharge révolutionnaire, alors seulement la réalité s'est elle-même assez dépassée pour répondre aux exigences du *Manifeste communiste* », écrit W. Benjamin[5].

Pour R. Rochlitz, ce texte signe l'abandon par W. Benjamin du « primat de la référence théologique »[6].

---

[1] W. Benjamin, « Le Surréalisme » (1929), *op. cit.*, p. 300-301.

[2] P. Naville, « La révolution et les intellectuels » (1926), dans *La révolution et les intellectuels*, Paris, Gallimard, 1975, p. 66.

[3] W. Benjamin, « Le Surréalisme » (1929), *op. cit.*, p. 310-311.

[4] Sur la thématique de l'architecture de verre, voir Pierre Missac, *Passage de Walter Benjamin*, Paris, Seuil, / *Esprit*, 1987, p. 157-184.

[5] W. Benjamin, « Le Surréalisme » (1929), *op. cit.*, p. 314.

[6] R. Rochlitz, *Le désenchantement de l'art. La philosophie de Walter Benjamin*, *op. cit.*, p. 150.

Autrement dit, il développe une réflexion sur les conditions nécessaires pour agir concrètement sur le mouvement du réel. R. Rochlitz explique ainsi la place de l'ivresse dans le texte consacré au Surréalisme : « [...] c'est à travers l'ivresse de tout son corps que l'homme doit communiquer avec lui < le cosmos >, dans la plénitude de l'instant présent et avec toute sa présence d'esprit, sous peine de le faire, malgré lui, à travers la destruction, comme dans l'horreur des guerres modernes »[1].

Conscient des limites du Surréalisme, de la fragilité des images oniriques qu'il produit dans une certaine *irrésolution* (si W. Benjamin lit avec bonheur *Le Paysan de Paris* de Louis Aragon, il reproche à celui-ci de n'avoir pas suscité, au-delà du rêve, l'instant de l'éveil), il envisage, dans « L'œuvre d'art à l'ère de sa reproductibilité technique » (1936)[2], de « politiser l'art »[3], en dialectisant les rapports de l'art et du politique au sein d'une philosophie de l'histoire, dont le sens profond se dessine dans l'interprétation qu'il donne du tableau de Paul Klee, *Angelus Novus*[4].

---

[1] *Ibid*.

[2] Indiquons que face à un certain optimisme parcourant la première version de ce texte (qui a cependant le mérite de se confronter au développement des forces productives), Th. W. Adorno, dans sa *Théorie esthétique* (1970, trad. M. Jimenez, Paris, Klincksieck, 1974, p. 81), considère que le « défaut de la grande théorie de la production de Benjamin » est de ne pas permettre « de distinguer entre la conception d'un art débarrassé jusque dans son fondement de l'idéologie et l'abus de la rationalité esthétique pour l'exploitation et la domination des masses ».

[3] W. Benjamin, « L'œuvre d'art à l'ère de sa reproductibilité technique » (1936), dans *Essais 2*, trad. M. de Gandillac, Paris, Denoël-Gonthier, 1983, p. 123-126.

[4] W. Benjamin, « Thèses sur la philosophie de l'histoire » (1940), dans *Essais 2*, *op. cit.*, p. 195-207. Voir à ce propos, l'étude de G. Scholem, « Walter Benjamin et son ange » (1972), dans *Benjamin et son* ange, trad. Ph. Ivernel, Paris, Rivages, 1995 et l'essai de S. Mosès, *L'Ange de l'Histoire*, *op. cit.*, 1992.

Ses recherches sur l'image (notamment dans ses écrits sur Ch. Baudelaire et sur Marcel Proust...[1]), expose selon Bruno Tackels la nécessité de « prendre les images de rêve à bras-le-corps, [de] les dissoudre en tant que concepts mythologiques pour atteindre l'espace de l'histoire »[2]. L'image est conçue comme un *univers* complexe, réunissant tout à la fois l'ancien et le nouveau, provoquant un effet de choc laissant *apparaître* ce qui peut être éventuellement sauvé. Ce sauvetage, pour J.-M. Palmier[3], « concerne aussi bien le sensible que l'intelligible, le présent que le passé, ce qui est mort que ce qui est vivant » (pour l'auteur, W. Benjamin ne vise pas un geste *restaurateur*, mais évoque « la main qui agrippe ce qui risque d'être perdu à jamais»).

W. Benjamin exige ainsi une confrontation avec la sphère de l'Histoire, une interprétation qui s'enracine dans la perspective d'une transformation du monde. Tel est bien le sens qu'il donne à son étude sur les passages parisiens : « [...] le passage : tentative de sortir d'un rêve en se réveillant [...] meilleur exemple de renversement dialectique »[4]. Contre les réticences émises par Th. W. Adorno, il définit plus précisément ce qu'il nomme une « image dialectique » : elle « ne recopie pas le rêve [...] elle me semble bien contenir les instances, les lieux d'irruption de l'éveil [...] Donc ici un nouvel arc demande d'être tendu et maîtrisé, une dialectique : celle entre l'image et l'éveil »[5]. L'« image dialectique » est « ce en quoi

---

[1] R. Rochlitz, *Le désenchantement de l'art. La philosophie de Walter Benjamin*, *op. cit.*, p.149-158.

[2] B. Tackels, *Walter Benjamin*, Strasbourg, Presses Universitaires de Strasbourg, 1992, p. 109.

[3] J.-M. Palmier, « La recréation de la critique littéraire comme genre philosophique chez Walter Benjamin », dans *A propos de "La critique"*, ouvrage collectif sous la direction de Dominique Chateau, Paris, L'Harmattan, 1995, p. 109-110.

[4] W. Benjamin, *Paris, capitale du XIXe siècle. Le Livre des Passages*, *op. cit.*, p. 832.

[5] W. Benjamin, « Lettre à Gretel Adorno » (16 août 1935), dans *Correspondance 2 (1929-1940)*, *op. cit.*, p. 186.

l'Autrefois rencontre le Maintenant dans un éclair pour former une constellation [...] l'image est la dialectique à l'arrêt. Car, tandis que la relation du présent avec le passé est purement temporelle, continue, la relation de l'Autrefois avec le Maintenant présent est dialectique : ce n'est pas quelque chose qui se déroule, mais une image saccadée »[1]. La « dialectique à l'arrêt » impose donc une vision discontinue et brisée qui, par le heurt, nous éloigne de tout *assoupissement*. Dans la fracture et la tension, elle s'instaure en effet « constellation », et reste *errante*, c'est-à-dire capable de toujours interroger l'impossible/possible d'un à venir aléatoire. R. Rochlitz décrit avec pertinence ce projet : « La dialectique à l'arrêt opère une coupe transversale à travers le processus historique, afin d'en extraire une image aux ambiguïtés révélatrices : à la fois rêve de bonheur et fantasmagorie mythique. Il nous incombe de recueillir l'attente utopique du passé et de la délivrer de la fantasmagorie qui l'a condamnée à l'échec »[2]. A l'instant du réveil, c'est le « maintenant d'une connaissance possible » qui, délivrée, s'affirme ; ce, au travers des fragments recueillis au sein du passé et, dès lors, actualisés, arrachés « par effraction du cours homogène de l'histoire »[3]. Ces fragments-monades, que le Petit Bossu, dans *Enfance berlinoise*[4], fait remonter à la surface, sont, comme nous l'avons déjà mentionné, « le signe d'un arrêt messianique du devenir », c'est-à-dire « d'une chance révolutionnaire dans le combat pour le passé opprimé »[5]. W. Benjamin, affirmant clairement son parti pris matérialiste/dialectique, souligne explicitement ce qu'il considère comme la limite essentielle

[1] W. Benjamin, « Exposé de 1935 », dans *Paris, capitale du XIXe siècle. Le Livre des Passages*, *op. cit.*, p. 35-46.
[2] R. Rochlitz, *Le désenchantement de l'art. La philosophie de Walter Benjamin*, *op. cit.*, p.283.
[3] W. Benjamin, *Thèses sur la philosophie de l'histoire*, *op. cit.*, p. 206.
[4] W. Benjamin, « Le Petit Bossu », dans *Sens unique*, précédé de *Enfance berlinoise*, *op. cit.*, p. 141-145.
[5] W. Benjamin, *Thèses sur la philosophie de l'histoire*, *op. cit.*

de l'entreprise surréaliste. M. Löwy relativise cependant cette *divergence* en indiquant que l'on ne peut figer l'opposition entre rêve et réveil : « [...] l'aspiration de Benjamin n'est-elle pas – comme celle de Baudelaire et d'André Breton – la création d'un monde nouveau où l'action serait enfin la sœur du rêve ? », demande-t-il[1].

Walter Benjamin et le mouvement *accidenté* de l'Histoire

En 1940, dans ses réflexions sur la philosophie de l'histoire, W. Benjamin brosse l'histoire « à rebrousse-poil » et se situe délibérément du côté des vaincus, de la masse de ceux du temps présent certes, mais sans oublier le long cortège formé par ceux d'hier. Ce positionnement philosophique, à la teneur politiquement revendiquée, échappe à l'emprise de la nostalgie et évite le piège commémoratif. Il pose avec force les enjeux d'une praxis du réveil, articulant en correspondance l'ici et le maintenant (héritier du passé) et l'à-venir, traçant les bases – sauver ce qui est menacé et rêver d'un autre monde – sur lesquelles doit se fonder un projet révolutionnaire *nécessaire*. Ce sont les opprimés, en s'appuyant sur les enseignements blanquiste et spartakiste, qui par leur irruption activiste sur la scène historique, dans l'instant révolutionnaire, doivent interrompre le « continu de l'histoire »[2]. Dans la sixième thèse, il précise en ce sens que le « Messie ne vient pas seulement comme rédempteur », mais qu'« il vient comme vainqueur de l'Antéchrist »[3]. Dans la douzième thèse, reprenant les propos

---

[1] M. Löwy, « Walter Benjamin et le Surréalisme », dans *Walter Benjamin*, ouvrage collectif sous la direction de J.-M. Lachaud, *Europe*, n° 804, avril 1996, p. 88.

[2] Dans la quinzième thèse, W. Benjamin écrit : « La conscience de faire éclater le continu de l'histoire est propre aux classes révolutionnaires dans l'instant de leur action » (*Thèses sur la philosophie de l'histoire*, *op. cit*, p. 204).

[3] *Ibid.*, p. 198. Le Messie dont il est question ne viendra pas du ciel (et n'est pas *attendu*) ; pour W. Benjamin, ce sont les classes dominées qui doivent assumer cette responsabilité.

de Marx, W. Benjamin affirme que c'est la « classe opprimée » (ceux qui ne possèdent rien et n'ont donc rien à perdre si ce n'est leurs chaînes) qui doit assumer le rôle de la « classe vengeresse » menant « à son terme l'œuvre de la libération » [1]. Cette responsabilité ne peut être pour lui pleinement revendiquée qu'en prenant conscience de la domination exercée par les vainqueurs d'hier à aujourd'hui. La remémoration des souffrances accumulées est envisagée comme la source de cette action visant la rédemption.

Dans cet ultime texte, rédigé quelques mois avant sa tragique disparition le 26 septembre 1940, W. Benjamin se réclame d'un matérialisme historique dépourvu du dogmatisme alors dominant dans les cercles du marxisme orthodoxe [2]. La première thèse, ainsi, présente une significative allégorie, celle de l'automate – la main d'une poupée « appelée "matérialisme historique" » est actionnée par « un nain bossu » dissimulé, qui représente la théologie « aujourd'hui, on le sait, petite et laide » et discrète [3]. Immédiatement donc, l'arrogance du matérialisme historique mécaniste, assuré de vaincre (au regard de sa croyance en l'*évolution progressiste* de l'histoire), est mise à mal. Pour W. Benjamin, seule une pensée unissant marxisme et théologie peut prétendre fonder une action susceptible de

---

[1] *Ibid.*, p. 202. Nous avouons ne pas très bien comprendre l'analyse de R. Rochlitz (*Le désenchantement de l'art*, *op. cit.*, p. 270) qui relève, en pointant l'idée de *vengeance* évoquée par W. Benjamin, une certaine proximité de l'auteur avec le *socialisme du ressentiment* nietzschéen (dans l'action révolutionnaire, comme K. Marx l'indique, la haine exprimée s'adresse à un système, non aux représentants de celui-ci). Sur cette question, M. Löwy insiste avec pertinence sur le fait que la proposition benjaminienne ne relève pas de la « rancune », mais manifeste une indignation, une « hostilité irréconciliable à l'oppression » (*Walter Benjamin : Avertissement d'incendie. Une lecture des thèses* « Sur le concept d'histoire », *op. cit.*, p. 95).

[2] Il serait nécessaire à nouveau ici d'interroger l'importance pour W. Benjamin des écrits du marxiste *hérétique* K. Korsch (et notamment son rapport à l'œuvre de K. Marx).

[3] W. Benjamin, « Thèses sur la philosophie de l'histoire », *op. cit.*, p. 194.

renverser le règne des oppresseurs et des exploiteurs (dans la quatrième thèse, il évoque la lutte des classes « que jamais ne perd de vue un historien instruit à l'école de Marx »[1] ; de même, il persiste à penser que l'avènement d'une société sans classes reste un horizon) et de combattre avec efficacité le fascisme[2]. En fait, pour reprendre l'observation de Gérard Raulet, W. Benjamin nous lègue un texte surprenant « conjuguant avec le matérialisme historique une vision apocalyptique et le rapport très particulier au temps qu'est celui du messianisme juif»[3].

Réfutant toute approche positiviste et évolutionniste, récusant l'idée que le devenir de l'Humanité est déterminé par d'intangibles lois de l'Histoire, le texte benjaminien développe, sans jamais se laisser aller aux délices de l'irrationalisme, une virulente critique de l'idée de Progrès[4] (donc de l'inéluctabilité historique). Dans la treizième thèse, W. Benjamin s'en prend violemment à l'historicisme social-démocrate et aux conséquences politiques qu'entraîne la *foi* qui en découle (cette critique s'adresse également sans aucun doute aux partis communistes staliniens). Aussi, ces propositions nous invitent à penser le caractère non linéaire, discontinu et accidenté du mouvement de l'histoire et donc à prendre en charge, dans l'indétermination, ce qui pourrait

---

[1] *Ibid.*, p. 196.

[2] Dans la huitième thèse, W. Benjamin note que « l'"état d'exception" dans lequel nous vivons est la règle ». Il s'agit pour lui de pointer les limites de certaines approches politiques du fascisme : « Il n'est *aucunement* philosophique de s'étonner que soient "encore" possible au XXe siècle les événements que nous vivons », écrit-il (*ibid.*, p. 199).

[3] G. Raulet, *Walter Benjamin*, Paris, Ellipses, 2000, p. 59-60. Sur la question du temps, il est révélateur que W. Benjamin, dans la quinzième thèse, rappelle que les révolutionnaires de juillet 1830 tirèrent sur les horloges.

[4] D. Bensaïd souligne que W. Benjamin, lorsqu'il émet de fortes réserves contre l'idéologie du Progrès est assez proche de « l'idée de Baudelaire pour qui la vraie civilisation consiste dans "la diminution des traces du péché originel" plutôt que dans l'accroissement indéfini des avoirs » (*Le pari mélancolique*, Paris, Fayard, 1997, p. 241).

advenir. Il s'agit ainsi de décrypter et d'analyser les catastrophes qui s'annoncent (tout en cessant de les croire inévitables), et, simultanément, d'évaluer et d'activer la possible émergence de mouvements d'émancipation (tout en acceptant l'idée de leur éventuel échec). Autrement dit, sans négliger le questionnement relatif aux conditions objectives du dépassement du monde établi, mais en exigeant l'indispensable évaluation des failles qui *travaillent* le mouvement du réel existant, W. Benjamin pense l'action révolutionnaire en termes de « pari mélancolique »[1] (notons par ailleurs que s'intéressant aux *arrêts messianiques* provoqués par les luttes des opprimés qui rythment irrégulièrement l'histoire en l'interrompant, l'idée de l'achèvement de celle-ci est étrangère à sa philosophie[2]).

En relisant et en commentant ces thèses aujourd'hui, M. Löwy[3], qui considère que pour « la pensée révolutionnaire c'est peut-être le document le plus significatif depuis les Thèses sur Feuerbach de Marx », s'attache à démontrer, au-delà de leur inscription contextuelle (il était « minuit dans le siècle », note-t-il en rappelant la puissante expression de Victor Serge) leur « portée universelle ». Avec pertinence, il remarque que ce « n'est pas seulement l'avenir et le présent qui restent ouverts dans l'interprétation benjaminienne du matérialisme historique, mais aussi le passé » et poursuit, soulignant les enjeux d'une telle affirmation : « Ce qui veut dire tout d'abord ceci : la variante historique qui a triomphé

---

[1] Nous nous permettons ici de nous approprier le titre de l'ouvrage de D. Bensaïd (*op. cit.*, p. 297), en conclusion duquel, non sans correspondance avec l'esprit benjaminien, l'auteur évoque un « mélancolique [...] pari sur l'improbable nécessité de révolutionner le monde ».

[2] Pour D. Bensaïd, dans l'œuvre benjaminienne, « le messainisme séculier l'emporte sur l'utopie ». Autrement dit, son « Messie n'est pas l'aboutissement de l'histoire universelle, mais seulement l'entrée en scène d'un possible capable de tenir le probable en échec » (*Walter Benjamin. Sentinelle messianique*, Paris, Plon, 1990, p. 211).

[3] M. Löwy, *Walter Benjamin : Avertissement d'incendie. Une lecture des thèses* « Sur le concept d'histoire », *op. cit.*, p. 10.

n'était pas la seule possible. Contre l'histoire des vainqueurs, la célébration du fait accompli, les routes historiques à sens unique, l'inévitabilité de la victoire de ceux qui ont triomphé, il faut revenir à ce constat essentiel : chaque présent ouvre sur une multiplicité d'avenirs possibles »[1]. S'appuyant sur des expériences historiques concrètes, puisant à diverses sources (messianique, romantique, libertaire), W. Benjamin construit, selon M. Löwy, un « marxisme de l'imprévisibilité » (voire un marxisme « gothique »).

Notre époque, loin d'être apaisée, s'avère brutale (guerres, famines, déplacement de millions d'individus…). Les atteintes à la dignité humaine, les modalités (élargies) de l'exploitation, les nouvelles formes d'aliénation, les inégalités économiques et les injustices sociales perdurent (voire s'aggravent alors que le système du capitalisme financier entre en crise). D'autres dangers encore, liés à l'écart qui se creuse vertigineusement entre les pays riches et les pays pauvres, à l'écrasement des cultures périphériques, à la marchandisation des découvertes scientifiques et de leurs applications technologiques, à l'indifférence des désastres écologiques provoqués par la loi du profit…, se profilent. Bref, ces réalités s'opposent de manière cinglante aux élucubrations concernant la fin de l'Histoire. Dès lors, l'impératif formulé en 1844 par K. Marx, dans sa *Critique de la philosophie du droit de Hegel* – à savoir : « […] renverser toutes les conditions sociales dans lesquelles l'être humain est un être abaissé, asservi, abandonné, méprisé » – est loin d'être *démodé*. Une telle posture suppose évidemment que s'exprime un refus radical vis-à-vis du caractère indépassable du monde réellement existant que tente de légitimer l'idéologie dominante. Elle implique en conséquence la

[1] *Ibid.*, p. 135.

refondation d'une théorie et d'une pratique politique critiques. A l'insolence et à la puissance des puissants, aux incantations lancinantes d'une propagande qui exclut brutalement tout débat et tend à criminaliser tout désaccord[1], répondent d'ailleurs, *malgré tout*, de salutaires réactions de résistance et de prometteuses déclinaisons, certes éclatées, évoquant fragmentairement ce qu'E. Bloch nommait le *non-encore là*.

La pensée de W. Benjamin, même si d'un point de vue concrètement politique son dernier texte, comme le souligne R. Rochlitz, est marqué par le tragique d'un contexte historique précis et le désespoir que celui-ci provoque alors, reste actuelle[2]. Elle esquisse, sans imposer un quelconque modèle, des perspectives pour refonder une philosophie de la libération et impulser une politique de l'émancipation. Assurément, en effet, à l'opposé du fatalisme menant au renoncement et de l'optimisme béat (dans l'attente du *grand soir*, toujours reporté), le marxisme *atypique* de W. Benjamin

---

[1] Au sein de notre société, la communication doit l'emporter sur la dispute, afin de mieux masquer les causes des conflits.

[2] La puissance du fascisme en Europe, la trahison que semble représenter pour lui la signature du pacte germano-soviétique, en fait une certaine absence d'issue, ne peuvent que conforter le pessimisme benjaminien. Au-delà, R. Rochlitz souligne que le concept d'« état d'exception » (adapté face au triomphe nazi) ne peut guère être repris lorsque l'Etat de droit est rétabli, faisant allusion au choix de la lutte armée de certains groupes révolutionnaires dans les années 1970 ; « Il faut pouvoir différencier entre régimes fascistes et régimes démocratiques incluant certains privilèges de classe : c'est ce que la pensée de Benjamin ne permet pas de faire », écrit-il (*Le désenchantement de l'art*, *op. cit.*, p. 271). Il serait nécessaire ici, pour prolonger la discussion ouverte par R. Rochlitz, d'aborder notamment le débat sur la violence révolutionnaire (qu'Herbert Marcuse mènera d'ailleurs autour des événements de 1968 s'opposant aux positions prises par Th. W. Adorno vis-à-vis de certaines formes du mouvement étudiant) ou encore la problématique de la conquête du pouvoir et des phases de transition menant au socialisme (en prenant en considération l'articulation entre démocratie et révolution).

nous incite, faisant allusion à la fascinante formule proposée par P. Naville dans *La Révolution et les intellectuels*, à nous consacrer à l'« organisation du pessimisme »[1]. C'est-à-dire tenter d'interrompre la course folle vers le pire et maintenir en éveil notre capacité à imaginer des rivages jusqu'alors inconnus.

---

[1] P. Naville, *La Révolution et les intellectuels*, *op. cit.*, p. 116.

De la reproductibilité de l'œuvre d'art selon Walter Benjamin*

« L'œuvre d'art à l'époque de sa reproductibilité technique » est un texte décisif (une « pièce maîtresse », précise Jean-Michel Palmier[1]) pour comprendre la théorie de l'art moderne (fondée sur l'analyse de la situation et de la fonction de l'art au sein des sociétés industrielles capitalistes) proposée par Walter Benjamin et, plus essentiellement encore, pour cerner les enjeux liés à la construction d'une esthétique matérialiste. Ce texte, rédigé entre septembre et décembre 1935, doit être mis en correspondance avec d'autres écrits datés de la même époque, notamment, entre autres, avec la célèbre « Petite histoire de la photographie » (1931), dans laquelle, comme le rappelle Rainer Rochlitz[2], W. Benjamin « formule pour la première fois sa définition de l'aura, qui deviendra l'un des concepts centraux de son esthétique », avec « L'auteur comme producteur » (1934), où, évoquant l'art opératoire de Sergueï M. Tretiakov et le théâtre intervenant de Bertolt Brecht, W. Benjamin développe de fortes réflexions sur les rapports entre art et technique et sur la problématique des modes de production, de diffusion et de réception des œuvres d'art [3], ou encore avec « Le

---

* Ce texte a été écrit pour une intervention lors du colloque *La reproduction permanente. Permanence et perspectives de la reproduction dans les arts*, organisé le 7 novembre 2008 par Michel Demange et par Jean-François Robic à l'Université Marc Bloch – Strasbourg 2.

[1] J.-M. Palmier, *Walter Benjamin. Le Chiffonnier, l'Ange et le Petit Bossu* (édition établie, préfacée et annotée par Florent Perrier ; Avant-propos de Marc Jimenez), Paris, Klincksieck, 2006, p. 623.

[2] R. Rochlitz, *Le désenchantement de l'art. La philosophie de Walter Benjamin*, Paris, Gallimard, 1992, p. 174.

[3] Comme le souligne Seloua Luste Boulbina (« Du tableau au texte. Analyse de *Boîtes de soupe Campbell* d'Andy Warhol (1962), dans

Narrateur » (1936), essai dans lequel il regrette venu le temps de la fin de l'art de narrer et expose d'évidents doutes sur la dimension émancipatrice des techniques de reproduction (dès lors qu'elles sont soumises à la logique capitaliste).

En effet, dans les années 1930, W. Benjamin propose une approche marxiste *atypique* de la création artistique et littéraire à l'ère de la modernité. Dans « Petite histoire de la photographie », il s'oppose à une vision fétichiste de l'art, « par principe ennemie de toute technique »[1]. Observant le caractère magique et auratique des premières photographies, il soutient qu'alors « l'objet et la technique se correspondent aussi rigoureusement qu'ils divergeront par la suite »[2]. A partir de 1880, lorsque la photographie s'*industrialise*, le portrait photographique tente en vain de préserver par de multiples artifices l'aura qu'il possédait avant la décadence, répandant en conséquence « une atmosphère suffocante »[3]. Avec enthousiasme, il constate, mentionnant notamment Eugène Atget (ses photographies « pompent l'aura du réel comme l'eau d'un navire en perdition », écrit-il[4]) et August Sander (son ouvrage « est plus qu'un livre d'images, c'est un cahier d'exercice », affirme-t-il[5]), que de nouveaux *parti pris* photographiques libèrent l'objet de cette aura factice. Contre une photographie « décorative »[6] et « livrée à la mode »[1],

---

W. Benjamin, *L'œuvre d'art à l'époque de sa reproductibilité technique* (version de 1939), trad. M. de Gandillac revue par R. Rochlitz, Paris, Gallimard / folioplus philosophie, 2008, p. 64), s'intéresser au mode de production, c'est aussi se préoccuper des effets produits sur le mode de diffusion et de réception : ainsi, à propos du DVD, elle note que loin de tout recueillement, « on interrompt le déroulement d'un film, qu'on continue à regarder, éventuellement, plus tard ».

[1] W. Benjamin, « Petite histoire de la photographie » (1931), dans *Œuvres II*, trad. M. de Gandillac, R. Rochlitz et P. Rusch, Paris, Gallimard, 2000, p. 297.

[2] *Ibid.*, p. 308.

[3] *Ibid.*, p. 310.

[4] *Ibid.*

[5] *Ibid.*, p. 314.

[6] *Ibid.*, p. 317.

W. Benjamin évoque en citant les œuvres surréalistes et les expérimentations de László Moholy-Nagy l'avènement d'une photographie démystificatrice et « constructive ». L'enjeu majeur réside bien pour lui dans le fait que la photographie, comme le cinéma soviétique, soit à même de délivrer « une expérience et un enseignement »[2]. Dans « L'auteur comme producteur », W. Benjamin refuse de traiter la problématique de la forme d'un point de vue formaliste ou idéaliste[3]. En s'appuyant sur le recours au collage et au montage mis en pratique dans de nombreuses démarches artistiques et littéraires, il indique que s'affirme « un gigantesque processus de refonte des formes »[4]. Dans ce contexte, il lui apparaît nécessaire d'interroger la situation de l'artiste et de l'écrivain au regard de la « place » qu'ils occupent « dans le procès de production »[5]. Du point de vue de la lutte des classes, la responsabilité (esthétique et politique) de ces derniers n'est donc pas d'« approvisionner un appareil de production », mais de le transformer »[6]. Dans « Le Narrateur », cependant, un nouveau tournant semble s'amorcer au sein du questionnement benjaminien. La disparition d'une *tradition*[7], qui relève désormais d'« un phénomène lointain »[8] et est liée à « l'évolution historique

---

[1] *Ibid.*, p. 318.

[2] *Ibid.*, p. 319.

[3] W. Benjamin, « L'auteur comme producteur » (conférence prononcée à l'Institut pour l'étude du fascisme de Paris le 27 avril 1934), dans *Essais sur Brecht*, trad. Ph. Ivernel, Paris, La Fabrique, 2003, p. 122-144. « Il n'a pas toujours existé des romans dans le passé ; il n'en existera pas forcément toujours dans le futur », écrit-il (*ibid.*, p. 126-127).

[4] *Ibid.*, p. 127.

[5] *Ibid.*, p. 131-132.

[6] *Ibid.*, p. 134. Le théâtre épique de B. Brecht, note-t-il, a « réussi à changer le rapport fonctionnel entre scène et public, texte et représentation, metteur en scène et comédien » (*ibid.*, p. 139).

[7] W. Benjamin insiste sur le « caractère artisanal » de l'art de narrer (*ibid.*, p. 127).

[8] W. Benjamin, « Le conteur. Réflexions sur l'œuvre de Nicolas Leskov » (1936), dans *Œuvres III*, trad. M. de Gandillac, R. Rochlitz et P. Rusch, Paris, Gallimard, 2000, p. 114. Notons qu'ici, les traducteurs choisissent

des forces productives »[1], confirme aux yeux de W. Benjamin que « le cours de l'expérience a chuté »[2]. L'apparition du roman (en liaison avec l'invention de l'imprimerie), en posant différemment la question de la *mémoire* et du *souvenir*[3], puis l'importance acquise par la presse au sein du monde moderne (« [...] dans ce qui se produit, presque rien n'alimente le récit, tout nourrit l'information », écrit-il[4]), ne sont pas présentées comme des *signes* annonçant un horizon libérateur. En fait, les techniques de reproduction paraissent menacer l'authenticité de l'expérience, de plus en plus appauvrie (cette observation avait déjà été formulée dans « Expérience et pauvreté » en 1931).

A la lecture de ces textes, Gérard Raulet insiste à juste titre sur le fait que la préoccupation de W. Benjamin est alors d'édifier « une réflexion historique sur l'évolution des forces productives elles-mêmes et sur la façon dont elles transforment la superstructure culturelle par la transformation des techniques de production des œuvres culturelles »[5]. Commentant « L'œuvre d'art à l'époque de sa reproductibilité technique », Lambert Dousson s'inscrit dans cette perspective lorsqu'il écrit que pour W. Benjamin, l'œuvre d'art « appartient au système de la production en général » et est « matériellement conditionnée par une situation historiquement déterminée des correspondances

---

de traduire *Erzhäler* par conteur. « Il est de plus en plus rare de rencontrer des gens qui sachent raconter une histoire », constate W. Benjamin (*ibid.*, p. 115).

[1] *Ibid.*, p. 120.

[2] *Ibid.*, p. 115.

[3] « [...] c'est la "remémoration" qui, en tant que principe inspirateur du roman, vient prendre place à côté du souvenir, principe inspirateur du récit, depuis que le déclin de l'épopée a rompu dans la mémoire l'unité de leur origine », note-t-il (*ibid.*, p. 136).

[4] *Ibid.*, p. 123.

[5] G. Raulet, *Walter Benjamin*, Paris, Ellipses, 2000, p. 34.

entre forces productives et rapports de production »[1]. En ce sens, par-delà un certain optimisme révolutionnaire discutable, ce texte qui a suscité de nombreux débats (il fut assez durement commenté par Theodor W. Adorno par exemple), n'est pas dénué d'actualité.

***

« [A] l'époque de la reproductibilité technique, ce qui dépérit dans l'œuvre d'art, c'est son aura ».[2]

Dans sa « Petite histoire de la photographie », W. Benjamin avait donné une première définition de l'aura : « Qu'est-ce au juste que l'aura ? Une trame singulière d'espace et de temps : l'unique apparition d'un lointain, si proche soit-il »[3]. Dans « L'œuvre d'art à l'époque de sa reproductibilité technique », en abordant le phénomène de la reproductibilité technique de l'œuvre d'art, W. Benjamin étudie l'influence de cette évolution, historiquement rythmée, sur les *traditions* formelles. Si la possibilité de reproduire l'œuvre d'art n'est pas née avec la modernité, l'apparition au XIXe siècle de la lithographie, l'invention de la photographie et de celle du cinéma accélèrent le processus (passage d'une reproduction artisanale à une reproduction mécanisée) et transforment la situation et le caractère même de l'œuvre. Au XXe siècle, toute œuvre d'art, passée ou contemporaine, est, de fait ou en puissance, reproductible (de plus, les techniques de reproduction tendent elles-mêmes à s'ériger en *formes originales d'art*). Toute image peut être certes reproduite ; mais, pour W. Benjamin, il semble impossible de reproduire la *tradition* à laquelle elle est liée et qui est présente en elle.

---

[1] L. Dousson, « Le texte en perspective », dans W. Benjamin, *L'œuvre d'art à l'époque de sa reproductibilité technique (version de 1939)*, *op. cit.*, p. 71-72.

[2] W. Benjamin, *L'œuvre d'art à l'époque de sa reproductibilité technique* (version de 1939), *op. cit.*, p. 15.

[3] W. Benjamin, « Petite histoire de la photographie », *op. cit.*, p. 310-311.

Pour lui, la reproduction d'une œuvre remet en question ce qu'il nomme son « ici et maintenant », c'est-à-dire son caractère unique. De même, le problème de l'authenticité de l'œuvre, liée à son inscription originaire, est-il caduc, puisque la reproduction peut dévoiler un morceau de réalité « qu'ignore toute vision naturelle » (l'agrandissement photographique est un exemple) et transporte l'œuvre au-delà des contingences matérielles et historiques, l'actualisant en quelque sorte. G. Raulet commente avec perspicacité les conséquences de ce positionnement : « [...] la reproductibilité induit une délocalisation et une détemporalisation qui abolit l'appartenance de l'image à un espace et à un temps déterminé et permet non seulement de nouvelles perspectives sur l'objet mais ouvre à ce dernier la possibilité d'existences nouvelles » [1]. Simultanément aux modifications des structures sociales, ce sont également les manières de percevoir qui changent[2]. L'aura d'une œuvre dépend du rituel qui la fonde. Les masses, en intervenant et en exigeant d'approcher au plus près l'œuvre, détruisent précisément la fonction rituelle de celle-ci, d'où la formule benjaminienne d'« alignement de la réalité sur les masses et des masses sur la réalité »[3]. Soulignant le rôle émancipateur des techniques de reproduction, W. Benjamin signifie que l'œuvre d'art « se fonde désormais sur une autre forme de pratique : la politique » [4]. Selon l'interprétation de R. Rochlitz, le « primat de la lecture politique sur la lecture

[1] G. Raulet, *Le caractère destructeur*, Paris, Aubier, 1997, p. 39.

[2] La perception sensible est bouleversée par la technique, observe-t-il dans son étude sur Charles Baudelaire ; voir à ce propos l'article d'Anne Boissière, « La reproductibilité technique chez Walter Benjamin » (*DEMéter*, revue électronique du Centre d'étude des arts contemporains de l'Université de Lille 3, décembre 2003 / http ://demeter.revue.univ-lille3.fr/copie/boissiere.pdf).

[3] W. Benjamin, *L'œuvre d'art à l'époque de sa reproductibilité technique (version de 1939)*, *op. cit.*, p. 18.

[4] *Ibid.*, p. 21.

esthétique »[1] ici revendiqué s'affirmait déjà dans « L'auteur comme producteur » et dans « Paris, capitale du XIXe siècle » (1935)[2].

Lorsque la « valeur d'exposition » l'emporte sur la « valeur cultuelle », c'est la fonction même de l'œuvre d'art qui est bouleversée. Celle-ci n'est plus inaccessible ; sa multiplication permet de mieux la saisir, de se l'approprier, de la manipuler, de la rendre concrètement vivante. L'œuvre, dépouillée de son halo protecteur, devient elle-même agissante au cœur de la réalité. Les pratiques photographique (que W. Benjamin oppose à la peinture [3]) et cinématographique sont présentées comme les symboles de cette mutation, montrant à quel point l'art ne saurait plus être emprisonné dans « le domaine de la "belle apparence" ».

---

[1] R. Rochlitz, *Le désenchantement de l'art. La philosophie de Walter Benjamin*, *op. cit.*, p. 194. R. Rochlitz précise que W. Benjamin « cherche à satisfaire les exigences de Brecht, qui voudrait voir disparaître dans sa pensée toute trace de "théologie" ou de "métaphysique", et qui attend une théorie applicable de façon immédiate dans la politique culturelle », alors que les théoriciens de l'Ecole de Francfort espèrent trouver au sein des travaux de W. Benjamin « la dimension philosophique et esthétique qui fait défaut à l'œuvre de Marx ».

[2] W. Benjamin, « Paris, capitale du XIXe siècle » (1935), dans *Œuvres III*, *op. cit.*, p. 44-66.

[3] Ainsi, par exemple, dans un fragment intitulé « Peinture et dessin », W. Benjamin évoque « le déclin de la peinture de chevalet » et « la décomposition du médium de la peinture » (dans W. Benjamin, *Ecrits français*, textes présentés par Jean-Maurice Monnoyer, Paris, Gallimard, 1991, p. 189-192). Mais, si dans « L'œuvre d'art à l'époque de sa reproductibilité technique » la peinture semble jugée désuète, celle-ci paraît néanmoins réhabilitée en 1936 dans « Peinture et photographie » (dans W. Benjamin, *Sur l'art et la photographie*, trad. M. B. de Launay, textes présentés par Christophe Jouanlanne, Paris, Carré, 1997, p. 75-94). Dans ce texte, citant Georg Grosz et Otto Dix, W. Benjamin écrit que la peinture « n'a pas perdu sa fonction » (p. 92). D'un point de vue politique, la peinture peut encore être efficace. Faisant allusion aux productions des peintres agissant « dans un Etat où le fascisme tient la barre », il écrit que « les contrées blafardes que montrent leurs tableaux, peuplées d'ombres et de monstres [...] sont inspirées par l'Etat de classe » (*ibid.*).

« Pour l'homme d'aujourd'hui l'image du réel que fournit le cinéma est incomparablement plus significative, car, si elle atteint à cet aspect des choses qui échappe à tout appareil [...] elle n'y réussit justement que parce qu'elle use d'appareils pour pénétrer, de la façon la plus intensive, au cœur même de ce réel », écrit-il[1].

Le morcellement des images implique une opération de recomposition. Découper, démonter, monter et recomposer dessinent les contours d'une intervention technique multiple, sur la réalité et au sein de celle-ci. L'artiste et l'auteur travaillent les matériaux-fragments et construisent de leurs mains, de leur pensée, une œuvre à l'intérieur de laquelle ils ne peuvent s'enliser. Les techniques nouvelles fouillent le non-visible, nous faisant percevoir « les nécessités qui règnent sur notre vie » et accéder à un « champ d'action immense et que nous ne soupçonnons pas »[2]. Au sein des failles dans lesquelles nous plonge le travail de la caméra, le banal prend une autre dimension. Notre espace quotidien s'élargit, des mouvements inconnus nous apparaissent et la matière dénude sous notre regard ses structures intimement enfouies. Pour W. Benjamin, c'est l'expérience de « l'inconscient instinctif » qui nous est offerte ; à nous d'en franchir le seuil, ce *passage* jusqu'à présent défendu.

En ce sens, l'art répond à l'exigence majeure de sa fonction, celle de provoquer une multitude d'aspirations et de favoriser ainsi d'insoupçonnables ouvertures vers l'à-venir. Cette exigence, cependant, n'est pas immédiatement satisfaite ; elle se construit tout au long d'un processus historique évolutif. Pour W. Benjamin, le Dadaïsme a préparé la réception rapide des œuvres cinématographiques en niant l'aura que pouvaient détenir ses productions. L'œuvre dadaïste se refusait en effet à n'être qu'un objet de contemplation. En introduisant au sein du poème et de la toile les débris et les déchets de notre quotidienneté, elle exhibait

---

[1] *Ibid.*, p. 39.
[2] *Ibid.*, p. 43.

« le stigmate de la reproduction »[1]. L'attrait et la séduction s'éclipsaient devant la violence provocatrice, faisant scandale. « Leurs poèmes sont des "salades de mots", ils contiennent des obscénités et tout ce qu'on peut imaginer comme détritus verbaux. De même leurs tableaux sur lesquels ils collent des boutons ou des tickets », écrit-il[2]. Par le morcellement et le choc, la création dadaïste s'appropriait un « pouvoir traumatisant » ; c'est cette force que les images cinématographiques, métamorphosables, toujours en mouvement, possèdent précisément, mais à une tout autre échelle, décuplée. Le cinéma, ébranlant plus encore que la photographie l'« autorité de la chose », rend donc possibles pour les masses d'inédites expériences de vie. Pour W. Benjamin, la spécificité technique du cinéma lui permet d'agir sur l'appareil perceptif du spectateur, en délivrant « l'effet de choc physique de la gangue morale où le dadaïsme l'avait en quelque sorte enfermé »[3].

***

« Nos bistrots et les rues de nos grandes villes, nos bureaux et chambres meublées, nos gares et nos usines semblaient nous emprisonner sans espoir de libération. Alors vint le cinéma et, grâce à la dynamite de ses dixièmes de seconde, fit sauter cet univers carcéral, si bien que maintenant, au milieu de ses débris largement dispersés, nous faisons tranquillement d'aventureux voyages », affirme W. Benjamin[4].

Faisant référence à quelques chefs-d'œuvre du cinéma muet (les films des monteurs soviétiques, mais aussi ceux de Charlie Chaplin), W. Benjamin accorde un pouvoir émancipateur au cinéma, considérant que sa technique favorise son impact politique. Si les arts du passé exigeaient

---

[1] *Ibid.*, p. 46.
[2] *Ibid.*
[3] *Ibid.*, p. 47.
[4] *Ibid.*, p. 43.

le recueillement, le cinéma *pénètre* les masses (abolissant ainsi la distance qui séparait jusqu'alors l'œuvre de son public) et leur propose une salvatrice « distraction », expérience à laquelle W. Benjamin attribue trop vite une dimension critique (le public est un « examinateur distrait », écrit-il[1]). Sans nul doute, comme l'observe J.-M. Palmier, W. Benjamin semble succomber au « culte des moyens au détriment des contenus »[2]. La désacralisation de l'art, liée au déclin de l'aura, est en effet essentiellement jugée positive au regard de la transformation de la valeur d'usage de l'art qu'elle provoque et de l'efficacité révolutionnaire accordée en conséquence à celui-ci. Notons ici que l'appel à la politisation de l'art doit être compris en relation avec le contexte de l'époque. Face à la montée des périls et au risque de la catastrophe qui s'annonce, W. Benjamin espère, *malgré tout*, sauver ce qui peut encore l'être ! Tout en étant conscient que les potentialités techniques qui bouleversent le monde moderne peuvent être mises au service de la barbarie (le processus d'esthétisation de la politique, déjà amorcé au sein du Futurisme, prend une tout autre ampleur lorsque triomphent le fascisme en Italie et, plus encore, le nazisme en Allemagne [3]), W. Benjamin n'adopte cependant pas la position de Martin Heidegger (s'insurgeant contre le déclin d'une civilisation sous l'emprise de la domination de la technique) ou celle de Th. W. Adorno (démontrant que la rationalité technique peut porter atteinte à la liberté de l'art). Ce texte, effectivement, paraît, pour reprendre l'interprétation qu'en donne R. Rochlitz, relever d'une « idéologie du progrès [...] d'une idée du "vent de l'histoire" soufflant dans le sens

[1] *Ibid.*, p. 50.

[2] J.-M. Palmier, *Walter Benjamin. Le Chiffonnier, l'Ange et le Petit Bossu*, *op. cit.*, p. 664.

[3] Ainsi, par exemple, selon Lionel Richard, la propagande orchestrée par Joseph Goebbels (qualifié de « Magicien des illusions et des retournements » et de metteur en scène des « manipulations historiques », relève d'un « art de l'illusion du vrai » (*Goebbels. Portrait d'un manipulateur*, Bruxelles, André Versaille, 2008, p. 141-164).

du développement technique »[1]. Le déclin de l'aura, la non-artificialité de l'œuvre qui en découle, son accessibilité et sa proximité sont appréhendés comme susceptibles de créer un progrès dans la connaissance de la complexité du réel. W. Benjamin insiste en ce sens sur la valeur d'instruction développée par le cinéma et à même de nourrir une critique de la logique du système capitaliste. Au regard des contradictions liées à la perte de l'aura[2], il tente d'introduire au sein de son argumentation un moment dialectique ; il s'agit, écrit L. Dousson, de « démontrer que c'est par le jeu des lois immanentes de la production capitaliste, et au cœur même du système de normes comportementales qu'il génère (la consommation), que le capitalisme, comme l'écrivait K. Marx à la fin du *Capital* et W. Benjamin au début de l'essai, prépare dans un retournement dialectique, les conditions de sa propre suppression »[3]. Mais, c'est pourtant sur le caractère dialectique du texte que réagit Th. W. Adorno, qui exige de l'auteur un « surplus de dialectique» !

Dès la lecture de « L'œuvre d'art à l'époque de sa reproductibilité technique », Th. W. Adorno exprime de vives réticences. Au-delà du fait qu'il soupçonne W. Benjamin d'être influencé par la radicalité des « motifs brechtiens »[4], il développe, dans sa lettre datée du 18 mars 1936 qu'il lui adresse ses fortes réserves. Il lui reproche notamment de confondre l'aura magico-religieuse de l'art (effectivement conservatrice) et ce qui relève de l'autonomie artistique. Pour

---

[1] R. Rochlitz, *Le désenchantement de l'art. La philosophie de Walter Benjamin*, *op. cit.*, p. 188.

[2] Pour Marc Jimenez, deux conséquences contradictoires sont liées à la perte de l'aura : « [...] l'une négative, car elle provoquerait un appauvrissement de l'expérience fondée sur la tradition ; l'autre positive, car elle favoriserait la démocratisation – et la politisation – de la culture » (*Qu'est-ce que l'esthétique ?*, Paris, Gallimard, 1997, p. 361-362).

[3] L. Dousson, « Le texte en perspective », *op. cit.*, p. 134.

[4] Alors que B. Brecht, méfiant, qualifie les propos de W. Benjamin de non-dialectiques, voire de « pseudo marxistes » !

Th. W. Adorno, on ne peut confondre l'autonomie et son mythe. « [L] e centre de l'œuvre d'art autonome n'appartient pas lui-même au côté mythique [...] il est en soi dialectique : [...] il croise en lui l'élément magique avec le signe de la liberté », objecte-t-il [1]. Evoquant la poésie de Stéphane Mallarmé, il affirme plus précisément que la « loi technologique de l'art autonome modifie celui-ci et, loin de le transformer en tabou ou en fétiche, le rapproche de l'état de liberté ». De même, dans sa *Philosophie de la nouvelle musique*, évoquant par exemple la musique d'Arnold Schönberg, il précise que les « dissonances qui effraient [les auditeurs] leur parlent de leur propre condition ; c'est uniquement pour cela qu'elles leur sont insupportables »[2]. Analyser une œuvre implique donc de prendre en considération l'« accomplissement de [sa] propre loi formelle "autonome" ». Comme il l'indiquera plus tard dans sa *Théorie esthétique*, c'est précisément cette autonomie de l'œuvre qui lui permet d'imposer au monde administré sa puissance asociale et critique, négative et utopique, de s'affirmer « négation déterminée de la société déterminée »[3] en exprimant l'inexprimable et en maintenant en tension l'idée de liberté (autrement dit la liberté comme possibilité[4]). Pour Th. W. Adorno, le texte benjaminien est donc teinté d'un certain « romantisme anarchiste »[5] qui de fait l'engage à

[1] Th. W. Adorno, « Lettre à Benjamin » (18 mars 1936), dans *Correspondance Adorno / Benjamin*, trad. Ph. Ivernel, recueil présenté par Enzo Traverso, Paris, La Fabrique, 2002, p. 188.

[2] Th. W. Adorno, *Philosophie de la nouvelle musique* (1948), trad. H. Hildenbrand et A. Lindenberg, Paris, Gallimard, 1962, p. 30.

[3] Th. W. Adorno, *Théorie esthétique* (1970), trad. M. Jimenez, Paris, Klincksieck, 1974, p. 299.

[4] Dans *Autour de la Théorie esthétique* (trad. M. Jimenez et E. Kaufholz, Paris, Klincksieck, 1976. p. 80), Th. W. Adorno écrit ainsi : « La formule de Stendhal sur la promesse du bonheur signifie que l'art rend justice à l'existence en accentuant ce qui en elle préfigure l'utopie ».

[5] Posture que Th. W. Adorno met explicitement en relation avec l'engagement politique (marxiste) de W. Benjamin, faisant dès lors « aveuglément confiance à l'indépendance du prolétariat dans le

négliger la puissance critique de l'art autonome et à valoriser la force progressiste du cinéma : « Vous sous-estimez la technicité de l'art autonome et surestimez celle de l'art dépendant »[1], lui reproche-t-il. D'une part, le recours aux techniques de reproduction n'efface pas toute trace de magie (Th. W. Adorno évoque la fascination non dépourvue d'irrationalité que suscitent les images cinématographiques) ; d'autre part, l'impact du cinéma ne peut être mesuré sans tenir compte précisément de son caractère hétéronome. En somme, résume Marc Jimenez, pour Th. W. Adorno, « Benjamin ne tient pas suffisamment compte de ce que l'art hétéronome, l'art du divertissement [...] tend de plus en plus à être intégré dans cette "marchandise paradoxale" qu'est devenue la culture»[2].

Paradoxalement, le théoricien de l'Ecole de Francfort semble mieux saisir que W. Benjamin les enjeux sociaux et politiques d'un art soumis au risque de la reproduction technique dans le contexte d'une société capitaliste. Dans cette même lettre, par exemple, il développe une très violente thèse sur le rire des spectateurs provoqué par les films de Charlie Chaplin (« [...] la théorie de la distraction ne me convainc pas du tout, malgré sa déduction en forme de choc », juge-t-il[3]). Pour lui, la *qualité* de ce rire ne peut être envisagée comme naturellement révolutionnaire ; au contraire, une telle manifestation doit être suspectée dès lors que ce rire lui paraît être « rempli du pire sadisme

---

processus historique – ce prolétariat qui résulte lui-même du mode de production bourgeois » (« Lettre à Benjamin » (18 mars 1936), *op. cit.*, p. 187).

[1] *Ibid.*, p. 189.

[2] M. Jimenez, *Vers une esthétique négative. Adorno et la modernité*, Paris, Le Sycomore, 1983, p. 300. Notons que Th. W. Adorno, dans sa lettre (*ibid.*, p. 188), relatant sa visite des studios de Neubabelsberg affiche sans détour son scepticisme face à l'enthousiasme benjaminien : « [...] peu de chose s'est réellement imposé, du montage et de tout le progrès que vous mettez en relief, partout au contraire, la réalité est édifiée mimétiquement de manière puérile, et ensuite "photographiée" ».

[3] Th. W. Adorno, « Lettre à Benjamin » (18 mars 1936), *op. cit.*, p. 187.

bourgeois »[1]. De même, informant W. Benjamin de l'avancée de sa réflexion sur le jazz, Th. W. Adorno formule clairement les questions posées par son essai ; significativement, il insiste sur la fonction sociale du jazz étudiant « surtout ses aspects "progressistes" (l'apparence de montage, travail collectif, le primat de la reproduction sur la production), comme la façade d'un élément tout à fait réactionnaire »[2] ! Quelle que soit l'appréciation que nous pouvons porter aujourd'hui sur les arguments de Th. W. Adorno sur le cinéma en tant qu'art « consommable » ou sur le jazz, sa réponse à W. Benjamin reste néanmoins un élément fondamental pour cerner les limites (esthétiques et politiques) du texte de W. Benjamin.

***

Peut-on conclure qu'une *illusion progressiste* (des points de vue technique, esthétique et politique) fonde ce célèbre texte de W. Benjamin ? J.-M. Palmier, notant l'attention portée par l'auteur aux thèses défendues par B. Brecht (mais aussi, en ce qui concerne la musique, par Hanns Eisler, que W. Benjamin cite d'ailleurs dans « L'auteur comme producteur » [3]), considère que celui-ci « semble avoir

---

[1] *Ibid.*

[2] *Ibid.*, p. 190. Sur la vision adornienne du jazz, voir deux textes importants : « Sur le jazz » (écrit en 1936, traduit et publié dans le recueil intitulé *Moments musicaux*, Paris, trad. M. Kaltenecker, Contrechamps, 2003) et « Mode intemporelle. A propos du jazz » (écrit en 1953, ce texte est disponible en langue française dans *Prismes*, trad. G. et R. Rochlitz, Paris, Payot, 1986, p. 102-114) ; ainsi que l'article de Philippe Lacoue-Labarthe, « Remarque sur Adorno et le jazz (D'un désart obscur) » (*Rue Descartes*, n° 10, juin 1994, p. 131-141) et que l'essai de Christian Béthune, *Adorno et le jazz. Analyse d'un déni esthétique* (Paris, Klincksieck, 2003).

[3] W. Benjamin, « L'auteur comme producteur », (conférence prononcée à l'Institut pour l'étude du fascisme de Paris le 27 avril 1934), *op. cit.*, p. 135. W. Benjamin cite les propos de H. Eisler sur le processus de rationalisation qui, « aussi bien dans la production que dans la

extrapolé sur l'œuvre d'art non auratique, dans le paradigme du cinéma, le changement de fonction que B. Brecht avait imaginé à partir du théâtre et qu'il étendra au cinéma et à la radio »[1]. Cependant, au regard du contexte de l'époque, J.-M. Palmier juge que ces positions pouvaient légitimement « s'appuyer sur des exemples concrets et n'étaient nullement absurdes »[2]. L'activité radiophonique de W. Benjamin, au-delà du fait qu'il s'agit comme il l'écrit à son ami G. Scholem, de « travaux alimentaires », montre ainsi qu'il a été sensible aux possibilités offertes par ce nouveau mode de communication de masse (tout en se confrontant à ses limites). Incontestablement, face aux nuages noirs qui s'accumulent dans le ciel européen, sa préoccupation est alors de penser les conditions d'émergence d'un art *efficace*. Les dernières lignes de « L'auteur comme producteur » sont en ce sens limpides : les intellectuels ne peuvent plus se contenter d'incarner un quelconque « esprit », dès lors que « le combat révolutionnaire ne se joue pas entre le capitalisme et l'esprit, mais entre le capitalisme et le prolétariat »[3]. De même, dans « L'œuvre d'art à l'époque de sa reproductibilité technique », il affirme sans détour que face à « l'esthétisation de la politique que pratique le fascisme », le « communisme » doit répondre « par la politisation de l'art »[4]. W. Benjamin ne souhaite évidemment pas soumettre l'esthétique au politique (ce que pourrait laisser penser une approche réductrice du mot d'ordre de *politisation de l'art*), mais s'efforce de penser

---

reproduction », modifie l'art musical (dans l'extrait choisi par W. Benjamin, H. Eisler parle de la crise du concert, de la musique comme d'une « marchandise en conserve...).

[1] J.-M. Palmier, *Walter Benjamin. Le Chiffonnier, l'Ange et le Petit Bossu*, *op. cit.*, p. 610.

[2] *Ibid.*, p. 611-612.

[3] W. Benjamin, « L'auteur comme producteur », (conférence prononcée à l'Institut pour l'étude du fascisme de Paris le 27 avril 1934), *op. cit.*, p. 144.

[4] W. Benjamin, *L'œuvre d'art à l'époque de sa reproductibilité technique* (version de 1939), *op. cit.*, p. 53.

un art qui soit en capacité de relever le défi de la catastrophe à-venir[1].

Commentant le texte de W. Benjamin, R. Rochlitz relève une double « confusion » ; d'une part, entre le « médium » et le « message » et d'autre part, entre le « choc mécanique » et le « choc esthétique »[2]. Le recours à toute technique est certes *signifiant*. Mais, encore faut-il s'interroger sur l'usage qui en est fait, tout en l'inscrivant dans un contexte historiquement déterminé et donc au regard d'un procès de production donné. Aline Caillet a raison de préciser que le cinéma, « en tant que technique, n'est ni en soi industrie culturelle, ni en soi d'art et d'essai »[3]. Telle est sans doute la principale limite du matérialiste benjaminien. Etrangement, W. Benjamin semble prendre acte des critiques adorniennes sans vraiment s'y opposer. Dans une lettre datée du 30 juin 1936[4], il reconnaît même « à quel point le complexe de l'« effet de choc » au cinéma s'est éclairé [...] grâce à votre présentation de la syncope dans le jazz » (alors que précisément, l'analyse de la syncope participe pleinement au procès instruit par Th. W. Adorno contre le jazz !). Il faut tout de même préciser que W. Benjamin s'avère par la suite moins optimiste, en particulier au sein de ses travaux « Sur quelques thèmes baudelairiens ». La « destruction de l'aura » est alors présentée comme le prix à payer par l'homme moderne pour éprouver « l'expérience vécue du choc », note-t-il, soulignant

---

[1] Voir, par exemple, en ce qui concerne l'analyse benjaminienne du Surréalisme, notre contribution, « Walter Benjamin et le Surréalisme » (dans *Présence(s) de Walter Benjamin*, ouvrage collectif sous la direction de J.-M. Lachaud, Bordeaux, Publications du Service Culturel de l'Université Michel de Montaigne – Bordeaux 3, 1994, p. 83-96) et celle de Michaël Löwy, « Walter Benjamin et le Surréalisme. Histoire d'un enchantement révolutionnaire » (dans *Walter Benjamin*, ouvrage collectif sous la direction de J.-M. Lachaud, *op. cit.*, p. 79-90).

[2] R. Rochlitz, *Le désenchantement de l'art. La philosophie de Walter Benjamin*, *op. cit.*, p. 189.

[3] A. Caillet, *Quelle critique artiste ?*, Paris, L'Harmattan, 2008, p. 72.

[4] W. Benjamin, « Lettre à Wisiegrund Adorno » (30 juin 1936), dans *Correspondance Adorno / Benjamin*, *op. cit.*, p. 204.

que le « processus qui détermine sur la chaîne d'usine, le rythme de la production, est à la base même du mode de réception propre aux spectateurs de cinéma »[1] ! Et aussitôt, W. Benjamin envisage les *correspondances* (« données de la remémoration ») comme la possibilité pour l'individu de renouer avec une expérience (« préhistorique ») d'avant la rupture. Pour autant, malgré ces nets infléchissements[2], Th. W. Adorno, visant les textes consacrés au « Flâneur » ou à la « Modernité », maintient en 1938 ses critiques sur la faiblesse dialectique de la démarche benjaminienne : la « détermination matérialiste des caractères culturels n'est possible que par la médiation du procès global », lui écrit-il[3].

La controverse qui opposa W. Benjamin et Th. W. Adorno est révélatrice de ce qui sépare les positions des deux penseurs critiques. Dès son texte intitulé « Le caractère fétiche de la musique et la régression de l'écoute »[4], écrit deux ans après son essai sur le jazz, ce dernier développe une théorie sociale de l'art (admettant que s'arrêter à la dimension psychologique du phénomène n'est pas suffisant, il cite les analyses de K. Marx sur la marchandise) qui l'amène à observer que l'« ensemble de la vie musicale contemporaine est dominé par la forme de la marchandise »[5] et que

[1] W. Benjamin, « Sur quelques thèmes baudelairiens », dans *Charles Baudelaire*, trad. J. Lacoste, Paris, Payot, 1990, p. 180.

[2] R. Rochlitz insiste sur le fait que dans les différentes versions de « L'œuvre d'art à l'époque de sa reproductibilité technique », W. Benjamin est « amené à donner aux concepts de masse et de technique un sens plus différencié, avant de se rétracter dans *Le Narrateur* et dans les essais sur Baudelaire, où la masse et la reproduction technique n'apparaissent plus que sous un jour négatif et destructeur » (*Le désenchantement de l'art. La philosophie de Walter Benjamin*, *op. cit.*, p. 209).

[3] Th. W. Adorno, « Lettre à W. Benjamin (10 novembre 1938), dans *Correspondance Adorno / Benjamin*, *op. cit.*, p. 361.

[4] Th. W. Adorno, *Le caractère fétiche dans la musique et la régression de l'écoute* (paru en 1938 dans la revue *Zeitschrift für Sozialforschung*), trad. Chr. David, Paris, Allia, 2001.

[5] *Ibid.*, p. 28.

l'expérience qui en résulte [1], loin d'être transgressive ou subversive, relève d'un conformisme aliénant (de même, juge-t-il que la musique diffusée à la radio devient un simple ornement diffusant un « bonheur frauduleux »). Au regard de la situation de l'art à l'ère du triomphe des industries culturelles, abandonner l'aura lui semble tout simplement revenir à accepter la liquidation de l'art (et aller de pair avec ce qu'il désigne comme « l'inhumanité naissante »). Dans sa *Théorie esthétique*, il considère donc que le « défaut de la grande théorie de la production de Benjamin » est de ne pas permettre « de distinguer entre la conception d'un art débarrassé jusque dans son fondement de l'idéologie et l'abus de la rationalité esthétique pour l'exploitation et la domination des masses »[2]. En s'appuyant sur les hypothèses développées en collaboration avec Max Horkheimer dans *La dialectique de la raison* [3] (était étudié le processus de standardisation de la culture dans le cadre du développement de la culture de masse imposé par les lois de l'industrie culturelle [4]), Th. W. Adorno ne cessera de dénoncer la

[1] Anne Boissière (« Ecoute et analyse chez Adorno », dans *Peinture et musique. Penser la vision, penser l'audition*, ouvrage collectif sous la direction de Catherine Kintzler, Lille, Presses Universitaires du Septemtrion, 2003, p. 155) a raison d'insister sur le fait que Th. W. Adorno, contrairement à W. Benjamin, développe une thèse selon laquelle « la réceptivité n'est ni donnée ni immédiate, mais au contraire médiatisée, c'est-à-dire modelée selon des schèmes qui l'orientent et la déterminent de telle ou telle façon ».

[2] Th. W. Adorno, *Théorie esthétique*, *op. cit.*, p. 81.

[3] M. Horkheimer et Th. W. Adorno, « La production industrielle de biens culturels. Raison et mystification des masses », dans *La dialectique de la raison* (1944), trad. E. Kaufholz, Paris, Gallimard, 1974, p. 129-176.

[4] Dans les usines à rêve(s), sont ainsi quotidiennement conçus des produits formatés (mais diversifiés et attractifs) et dépourvus de souffle, se contentant d'anticiper des désirs prévisibles (parce que provoqués) et de satisfaire aux exigences conjuguées de l'économie, de l'idéologie et de la mode. Voir à ce propos, les « Notes sur la mondialisation comme problème philosophique » de Fredric Jameson (trad. Th. Labica, *Actuel Marx*, n°27, 2000, p. 89-100). Le lecteur peut aussi lire les réflexions développées par Fr. Jameson dans *Le Postmodernisme ou la logique*

soumission de la production culturelle à la rationalité technique et son assujettissement à la domination économique capitaliste, et, en conséquence, de regretter l'avènement d'une culture mutilée et dégradée, qui est non seulement rentable mais participe avec une grande efficacité au contrôle social[1].

Au-delà de cette polémique, et pour nourrir notre questionnement actuel sur la reproductibilité, il nous semble décisif de ne pas négliger la pertinente mise en garde que R. Rochlitz formule en ces termes : « En faisant du film la forme d'art déterminante pour l'esthétique de la modernité, W. Benjamin inaugure un type de raisonnement qui fétichise la technique chaque fois la plus avancée, indépendamment de la signification des œuvres. Selon ce raisonnement, il faudrait aujourd'hui privilégier, pour ainsi dire a priori, l'art cybernétique ou les images de synthèse quelle que soit la portée des productions réalisées à travers ces techniques. Une telle surenchère ne se justifie pas, les « forces de production » n'étant esthétiquement révolutionnaires que dans la mesure où elles mettent en œuvre un potentiel d'expérience, de critique et de révélation. Il est vrai que l'emploi des techniques les plus avancées a toujours été déterminant pour les artistes ; mais il n'a jamais suffi à lui seul pour garantir la qualité d'une œuvre »[2] (sa qualité esthétique, tout comme sa qualité politique, précisons-nous) !

---

culturelle du capitalisme tardif (trad. Fl. Nevoltry, préfacé par H.-Cl. Cousseau, Paris, Beaux-arts de Paris, 2007) ; dans cet ouvrage, s'inscrivant dans le sillage des travaux des théoriciens critiques de l'Ecole de Francfort, l'auteur affirme que les sphères économiques et culturelles ne peuvent être dissociées et décrit avec rigueur les modalités du déploiement et du triomphe à la fin du XXe siècle de ce qu'il nomme la « logique culturelle du capitalisme tardif ».

[1] Sur la situation de l'art aujourd'hui et de ses éventuelles potentialités critiques, voir le constat de Marc Jimenez dans « En finir avec la fin de l'art » (dans *Arts et Politiques*, ouvrage collectif sous la direction de J.-M. Lachaud et d'O. Neveux, *Actuel Marx*, n° 45, p. 88-96)

[2] R. Rochlitz, *Le désenchantement de l'art. La philosophie de Walter Benjamin*, *op. cit.*, p. 205-206.

Walter Benjamin et le Surréalisme*

Dans un violent pamphlet, intitulé *Qui Vive*[1], Annie Le Brun s'insurge contre les discours accompagnant nombre de manifestations commerciales/culturelles, consacrées à André Breton ou, plus largement, au Surréalisme. Affirmer que le Surréalisme est un mouvement faisant partie de l'histoire de l'art et de la littérature, n'est-ce pas nier, demande-t-elle, qu'il fut (ou reste encore), au XXe siècle, « la seule tentative de repenser tout l'homme » ? Aussi, ressent-elle ce qu'elle nomme un « danger de vitrification esthétique qui menace la sensibilité entière », et combat-elle cette entreprise d'« anesthésie esthétique ».

Ainsi donc, consensus oblige, le Surréalisme, dépourvu de ses oripeaux critiques, devient, enfin, « fréquentable » !

Simultanément, d'autres discours contresignent le certificat de décès des avant-gardes historiques et jettent l'anathème sur la modernité utopique, la condamnant parfois pour avoir favorisé le triomphe du totalitarisme politique. Staline, par exemple, n'est-il pas à considérer comme une œuvre d'art totale, selon l'expression de Boris Groys[2] ? Ce qui permet de liquider, une nouvelle fois, Maïakovski!

---

* Ce texte a été publié dans *Présence(s) de Walter Benjamin*, ouvrage collectif sous la direction de J.-M. Lachaud, Bordeaux, Publications du Service Culturel de l'Université Michel de Montaigne - Bordeaux 3, 1994, p. 83-95.

[1] A. Le Brun, *Qui vive*, Paris, Ramsay/Jean-Jacques Pauvert, 1991.

[2] B. Groys, Boris, *Staline œuvre d'art totale*, trad. E. Lalliard, Paris, Jacqueline Chambon, 1990. S'interrogeant sur les conditions de l'assujettissement de l'art au Parti, B. Groys exprime ainsi sa thèse : « Ainsi s'était réalisé le rêve de l'avant-garde qui voulait que l'art passe sous le contrôle direct du Parti [...] même si les auteurs de ce programme n'auront été ni Maïakovski ni Rodtchenko mais Staline qui, en vertu de son pouvoir politique total, hérita de leur projet artistique » (p. 51-52).

Au contraire, ne sont-ce pas les promesses d'émancipation esquissées au cœur de ces œuvres, qui seraient à retrouver, à reformuler ? Ne peut-on penser, comme l'expose Eric Valentin, dans un texte virulent mais salvateur, intitulé *Eléments d'une contre-expertise en faveur des avant-gardes*[1], que « le potentiel critique et libérateur des œuvres fondatrices de la modernité » est « à notre disposition ». En effet, poursuit-il : « Pourquoi la liberté dont elles témoignent ne serait-elle pas encore un exemple (non un modèle) pour l'art et la littérature contemporains? ».

L'« ivresse » surréaliste

Dans son témoignage sur Walter Benjamin, Gershom Scholem confirme « l'intérêt brûlant qu'il manifestait vis-à-vis des surréalistes », précisant qu'à la fascination se joignait une certaine complicité entre les préoccupations des membres du mouvement et celles du philosophe allemand découvrant Paris. Assurément, il existe une évidente proximité entre le mouvement interne qui anime, par exemple, *Le Paysan de Paris* de Louis Aragon et celui qui *architecture Sens unique* ; tout comme la décision de W. Benjamin (prise lors de son séjour parisien) d'entamer une étude sur les passages de la capitale le prouve également.

En 1929, dans la revue *Literarische Welt*[2], W. Benjamin publie un court essai sur *Le Surréalisme*, dont le sous-titre est révélateur, non seulement de l'intention de l'auteur, mais de l'orientation de sa pensée, puisque le Surréalisme est identifié en tant que « dernier instantané de l'intelligence européenne ».

---

[1] E. Valentin, « Eléments d'une contre-expertise en faveur des avant-gardes », dans *L'Oeuvre et le Concept. Prétextes à Olivier Revault d'Allonnes*, ouvrage collectif, Paris, Klincksieck, 1992, p. 167-174.

[2] W. Benjamin, « Le Surréalisme », *Literarische Welt*, 1er, 8 et 15 février 1929, dans *Mythe et violence*, trad. Maurice de Gandillac, Paris, Denoël/Les Lettres Nouvelles, 1971, p. 297-314.

S'il ne visait qu'à une rénovation de l'expression artistique et littéraire, sans doute le Surréalisme ne serait-il perçu, par W. Benjamin, que comme une « tension » éphémère, liée aux séismes qui, de temps à autre, secouent la sphère esthétique. W. Benjamin réfute toute approche superficielle du mouvement surréaliste, privilégiant, contre tout enfermement dans l'artistique ou le poétique, sa volonté de faire « éclater du dedans le domaine de la littérature ». Ici donc, selon lui, l'expérimentation (concrètement, un ensemble d'expériences) ne se contente pas de livrer au monde « les résidus d'une certaine forme d'existence » et travaille à la révélation de celle-ci. Ce qui intéresse W. Benjamin est de cerner la dynamique du mouvement, « l'illumination profane » qui jaillit de ses œuvres, au sein d'*Une vague de rêves* ou au hasard des rencontres dans *Nadja*, la « dialectique de l'ivresse » sur laquelle s'édifie une quête frénétique d'un *autre*, insaisissable, et dont l'approche est précisément l'enjeu. « Vivre dans une maison de verre est une vertu révolutionnaire par excellence. Mais c'est aussi une ivresse, un exhibitionnisme moral dont nous avons grand besoin ». Remarquons également que W. Benjamin tend à fonder, dans ce cadre de pensée, une filiation entre l'entreprise d'Arthur Rimbaud (notamment à la lecture de sa *Saison en enfer*) et celle des surréalistes.

En revendiquant la transparence, W. Benjamin expose les conditions d'une possible exploration du réel – donc de son dépassement –, sans limites parce que sans obstacles (ceux-ci ne s'absentent-ils pas, lorsque s'abattent les cloisons qui en sont les supports et que meurent les ténèbres qui en résultaient ?), celles d'une nécessaire conquête de continents inédits. En ce sens, l'architecture de verre esquissée par Benjamin acquiert une dimension utopique, aux alentours de laquelle peuvent résonner les promesses dévoilées dans le « livre à porte battante » (André Breton).

Les surréalistes, ainsi positionnés au cœur de l'édifice de verre, deviennent des « voyants », des « déchiffreurs de signe ». En accédant, au-delà du réel immédiat, à l'univers des réalités jusqu'ici masquées, ils sont alors en mesure de les réintroduire dans le monde établi, afin que leurs cris et leurs murmures puissent agir au sein de ce dernier, violer sa fausse cohérence, le déséquilibrer, le transformer.

Au-delà de l'interprétation de l'amour qui devient illumination (entre « extase » et « pudique sobriété ») dans *Nadja* (citation du *Dante poète du monde terrestre* d'Erich Auerbach[1] à l'appui), W. Benjamin mentionne l'importance, pour A. Breton, des objets dont la jeune fille est proche - « Plus que Nadja elle-même il est proche des objets dont elle est proche » –, afin de cerner la capacité surréaliste à nouer de nouvelles relations avec le « suranné », à s'approprier les forces « atmosphériques » détenues par les objets. En déambulant au cœur d'un passé démodé mais persistant, en flânant au sein de ruines encore bouillonnantes de vie (entre désespoir et espérance), en se heurtant aux traces indélébiles de la misère matérielle et spirituelle, A. Breton et Nadja, pour W. Benjamin, loin de succomber à une nostalgie conservatrice, participent, en la vivant, à une perspective de transfiguration de ses éléments, révélant un contenu déjà agissant dans le présent et surtout renfermant des promesses d'à-venir. Selon lui, en mettant leurs pas dans ceux d'Henri Hertz, criant : « Ouvrez-vous, tombeaux »[2], ils deviennent « le couple qui convertit, sinon en action, du moins en expérience révolutionnaire tout ce que nous avons appris » au cours de ces moments de notre vie quotidienne qui, dès lors, se transforment en autant de brisures invitant, entre possible et impossible, à une éventuelle reconstruction de soi et du monde. Plus encore, le Surréalisme, dans la perception benjaminienne, s'efforce de dénuder cet autre objet qu'est la ville, Paris, fouillant sa respiration souterraine et lui ôtant les voiles artificiels qui la défigurent (et nous

---

[1] « Tous les poètes du "nouveau style" ont une amante mystique [...] à tous "Amore" prodigue ou refuse des dons qui ressemblent plus à une illumination qu'à une jouissance sensible ».

[2] H. Hertz, « Singulier pluriel », *L'Esprit nouveau*, XXVI, 1924.

empêchent d'établir des correspondances inédites avec ce *hors* territoire)[1].

Si cette démarche, soutenue par de multiples activités, naît d'une contemplation critique du présent, le dialogue qu'elle entretient avec le passé dans lequel s'enracine ce dernier, lui permet d'échapper aux pièges de l'art pour l'art, d'être active. Contre tout amusement sans conséquences, la praxis surréaliste ouvre des brèches, fraye un passage nous menant « du domaine logique des concepts au domaine magique des mots ». Dans ce cheminement vers l'inconnu, traversé de « trouvailles », de « chocs » et de « surprises », le Surréalisme aurait pour projet d'inventer de nouvelles fables, « que les inventeurs puissent à leur tour réaliser », précise W. Benjamin, en utilisant une expression de Guillaume Apollinaire [2] et en faisant référence à l'*Introduction au discours sur le peu de réalité* d'A. Breton. Plus précisément, W. Benjamin insiste sur la capacité des surréalistes à « politiser le regard historique sur le passé ». Certes, reconnaît-il, cette volonté peut s'immobiliser en révolte. Il ajoute cependant, immédiatement, qu'il ne faut pas hésiter à « ouvrir ces attrapes romantiques », parce qu'on « trouve à l'intérieur quelque chose d'utilisable » [3] (en évoquant le

---

[1] Nous renvoyons le lecteur à cette somme décisive que constituent les textes de l'ouvrage collectif *Walter Benjamin et Paris* (sous la direction de Heinz Wismann, Paris, Cerf, 1986).

[2] Dans “L'Esprit nouveau et les poètes”, *Le Mercure de France*, décembre 1918, G. Apollinaire écrivait : « Les fables s'étant pour la plupart réalisées et au-delà, c'est au poète d'en imaginer de nouvelles que les inventeurs puissent à leur tour réaliser ».

[3] L'ouvrage de Michaël Löwy et de Robert Sayre (*Révolte et mélancolie. Le romantisme à contre-courant de la modernité* (Paris, Payot, 1992) nous paraît nécessaire pour comprendre en quel sens le Romantisme peut être perçu, prenant en considération son caractère contradictoire et ses « couleurs tumultueuses », comme manifestation de résistance au regard de ce qui désenchante le monde et « lieu de production d'espérances ». Ce qui explique la conclusion de cet essai : « Sans nostalgie du passé il ne peut pas exister de rêve d'avenir authentique [...] l'utopie sera romantique ou ne sera pas ». Dans un chapitre intitulé « Le feu brûle toujours », les auteurs repèrent nombre d'ouvertures romantiques au XXe siècle ; parmi

« culte du mal », la figure du héros dostoïevskien – Stavroguine en particulier – ou le caractère insurrectionnel des *Chants de Maldoror* de Lautréamont).

Aussi, W. Benjamin pose-t-il la question de l'existence d'un passage, qui, au sein même de l'activisme surréaliste, mènerait de la négation et du refus à l'affirmation révolutionnaire. Autrement dit, la préoccupation benjaminienne est de comprendre comment le Surréalisme, en faisant face au passé, en collectionnant des fragments issus de ses ruines, se tourne, simultanément, vers l'avenir, ou, au moins, dégage des voies d'accès nous menant vers ce qui n'est pas encore construit. Ce passage, pour le philosophe allemand, s'ouvre et nous absorbe, sous la pression de l'« idée radicale de la liberté » qui caractérise la praxis surréaliste. « Procurer à la révolution les formes de l'ivresse, c'est à quoi tend le surréalisme en tous ses écrits et toutes ses entreprises ». Lorsqu'A. Breton réunit Arthur Rimbaud et Karl Marx[1] pour définir le *programme* surréaliste, ne vise-t-il pas la possibilité de la réalisation future de l'unité de l'homme, à savoir la réconciliation dynamique des deux tendances qui se déchirent en lui : celle de l'imaginaire et celle de la réalisation politique ? Pour W. Benjamin, s'affirmant proche des thèses développées par Pierre Naville[2] sur le « développement dialectique du surréalisme », ce mouvement, parce qu'il lie l'énigmatique au quotidien, ne peut qu'injecter au cœur de la réalité l'« espace d'images » qu'il fouille, afin que l'« illumination profane » soit réellement destructrice et re-constructrice. « Lorsque s'interpénètrent en elle corps vivant et espace d'images assez profondément pour que toute tension révolutionnaire, toute

---

celles-ci, ils privilégient notamment le Surréalisme, qui porte « à sa plus haute expression l'aspiration romantique à ré-enchanter le monde » et qui incarne « de la façon la plus radicale la dimension révolutionnaire du romantisme » (p. 213-223).

[1] « Changer la vie » (A. Rimbaud) et « Transformer le monde » (K. Marx) deviennent, en effet, pour A. Breton, deux mots d'ordre inséparables.

[2] P. Naville, *La Révolution et les intellectuels*, Paris, Ed. Gallimard, 1975.

innervation du corps vivant collectif devienne décharge révolutionnaire, alors seulement la réalité s'est elle-même assez dépassée pour répondre aux exigences du *Manifeste communiste* », conclut-il.

L'« ivresse » du haschich

Il apparaît, à la lecture du texte que nous venons de présenter, que W. Benjamin cherche à saisir la force subversive du mouvement surréaliste, dont les « expériences ne se limitent aucunement à ces rêves que produit le haschich ou l'opium ». Néanmoins, quelques signes semblent signifier sa *gêne* au regard de ce qui pourrait affaiblir cette portée révolutionnaire ; ne parle-t-il pas, en effet, « de très troublants phénomènes de déchet », lorsqu'il visionne des textes précis, tels *Le Paysan de Paris* ou *Nadja*. Ainsi, manifeste-t-il un certain agacement vis-à-vis du personnage de la voyante, Madame Sacco (*Nadja*), et d'une relative fascination qu'exerce le spiritisme sur les surréalistes : « Qui ne souhaiterait voir ces enfants adoptifs de la Révolution rompre de façon plus décisive avec tout ce qui se pratique dans les conventicules de dames d'œuvre sur le retour, d'officiers supérieurs en retraite, de mercantis émigrés ? ».

Nous observerons cependant que jamais W. Benjamin ne s'oppose aux nécessités de l'expérimentation, ni ne condamne a priori une quelconque tentative. Mais, il est toujours selon lui indispensable de sauvegarder l'esprit critique, donc de déterminer si les résultats de l'expérimentation sont, ou non, productifs, conformes au projet visé. C'est en ce sens que nous devons aborder les notes consacrées aux « paradis artificiels ».

Dans *Le Surréalisme*, prenant en compte l'incertitude qui unit et sépare la veille et le sommeil, s'attachant à définir la rêverie et l'errance surréalistes, Benjamin est amené à envisager les limites de l'utilisation de drogues. Si l'ivresse doit « ébranler », il précise aussitôt que le haschich ne peut être qu'une « propédeutique », par ailleurs « périlleuse ».

Face aux thèmes « romantiques » qui se développent autour de l'usage de la drogue, W. Benjamin reste méfiant vis-à-vis de l'irrationnel et oppose la puissance de la pensée, « éminemment narcotique » : « Le lecteur, l'homme qui pense, qui attend, le flâneur ne sont pas moins des types d'illuminés que le fumeur d'opium, le rêveur, l'intoxiqué. Et ce sont des illuminés plus profanes. Pour ne rien dire de cette drogue, la plus terrible de toutes, qui est nous-même, et que nous absorbons dans la solitude ». En fait, l'enjeu, pour W. Benjamin, est bien de penser une illumination profane « d'inspiration matérialiste et anthropologique » (dépassant la révélation religieuse et le vertige de l'irréalité, comme l'indique son rappel d'un adage marxiste-léniniste selon lequel la religion est l'opium du peuple). Jean Lacoste[1] a donc raison d'insister sur ce point : « Breton et Aragon ont eu selon lui une conception encore « romantique » de l'ivresse (*der Rausch*) qui poursuit l'énigme pour l'énigme, alors que Benjamin veut retrouver, dans ses propres termes, une « optique dialectique » et donc politique qui perçoit le quotidien dans le mystère et le mystère dans le quotidien ».

Mais, comme le démontre la récente traduction en langue française de quelques textes et notes (dont les premiers datent de 1927) *Sur le haschich*[2], W. Benjamin portait un intérêt évident, sous forme de « protocoles d'expériences » menées avec entre autres Ernst Bloch et en écho au Charles Baudelaire de *Du vin et du haschich*, aux effets que provoque l'absorption de drogue. Aussi, la condamnation politique que nous venons d'évoquer doit-elle être relativisée, du moins mieux précisée ; d'autant, que la correspondance avec G. Scholem nous apprend que le philosophe envisageait, en 1932, de consacrer un ouvrage au haschich[3].

---

[1] J. Lacoste, « Un autre aspect "baudelairien" de W. B. », *La Quinzaine Littéraire*, n° 630, 1er-15 septembre 1993.

[2] W. Benjamin, *Sur le haschich*, trad. Jean-François Poirier, Paris, Christian Bourgois, 1993.

[3] W. Benjamin, *Correspondance II*, trad. Guy Petitdemange, Paris, Aubier Montaigne, 1979, p. 71.

En fait, si W. Benjamin s'intéresse aux effets produits par les narcotiques, c'est parce qu'il tente de déceler leur capacité de nous situer hors territoire « institué ». Le vertige qui en résulterait propulserait le corps et l'esprit au cœur d'un autre monde, au sein duquel toutes contraintes et limites tendraient à s'abolir. Dans l'instant où s'affirmeraient une insouciance et une légèreté propices aux vagabondages, tout paraîtrait devenir possible. « Versailles n'est pas trop grand pour qui a mangé du haschich et l'éternité ne lui est pas trop longue »[1]. Ce serait donc les sensations corporelles et les forces de l'esprit qui seraient exacerbées, soumises à des sollicitations inaccoutumées. Donc, le sujet, projeté vers un « continent inédit », du côté d'un territoire non encore (re) connu, développerait des puissances novatrices et serait l'objet d'expérimentations radicalement imprévues, simultanément perturbantes et (re) constituantes. Sous l'emprise d'une ivresse magique, celui-ci serait en mesure de (re) découvrir le bonheur de l'insolite, de résoudre des énigmes jusqu'à présent non pénétrées. Cette ivresse serait bien celle du plaisir que provoque la surprise, la « trouvaille ». De même, elle démultiplierait un espace de vie absolu. « Le fumeur d'opium ou le mangeur de haschich fait l'expérience de la force qu'a le regard d'aspirer cent lieux à un seul endroit », remarque W. Benjamin[2].

L'essentiel, cependant, réside en la production, fut-elle fugitive, d'images, qui favoriserait l'expression de la folie de l'imagination – « Je brousse les images »[3] –, et, au-delà, entraînerait à une possession, fut-elle éphémère, d'un monde différent – « Je possédais le monde »[4]. Jean-François Poirier insiste à juste titre sur cette perspective, écrivant que, selon le philosophe allemand, « le sujet qui s'installe dans

[1] W. Benjamin, « 29 septembre 1928, samedi, Marseille », dans *Sur le haschich*, *op. cit.*, p. 44.

[2] W. Benjamin, « Notes sur le crock », dans *Sur le haschich*, *op. cit.*, p. 86.

[3] W. Benjamin, « Notes sans date », dans *Sur le haschich*, *op. cit.*, p. 102.

[4] *Ibid.*

l'extraterritorialité de l'image échappe à l'enfermement de la réalité »[1]. Pour W. Benjamin, en effet, ces images diaboliques et prometteuses sont proches des rêves enfantins. « Dans les voiles que sont les voiles de pluie tombent sur l'enfant les cadeaux que le monde lui voile »[2]. Le principe de réalité, en ce moment de déséquilibre, n'impose plus sa domination au principe de plaisir. L'« illuminé », tout comme l'enfant ébloui par le scintillement d'images incroyables, tracerait *en avant* les contours de ses désirs jusqu'alors inassouvis. « A vrai dire la production d'images peut faire venir au jour des choses si extraordinaires et cela si fugitivement et avec une telle vitesse que nous ne parvenons plus, tout simplement en raison de la beauté et de la singularité de ces images, à nous intéresser à autre chose qu'à elles »[3]. Comment ne pas rappeler ici que Ch. Baudelaire pensait le génie comme achèvement de l'enfance et que Roland Penrose désirait apprendre à dessiner comme le font les jeunes enfants, alors qu'Arthur Cravan se définissait comme « le bébé d'une époque » ? Comment ne pas penser également aux recherches surréalistes concernant l'écriture automatique, à leurs jeux mettant à mal une logique (une rationalité ?) considérée, pour reprendre une expression de Jean Duvignaud, comme « un immense effort [...] pour escamoter le hasard, l'inopiné, l'inattendu, le discontinu et le jeu »[4] ? Comment encore ne pas faire référence aux productions dessinées sous mescaline d'Henri Michaux, qui affirme que le drogué, tout comme le fou, perdent « leur demeure » et sont contraints de retrouver « la Permanence, son rayonnement, l'autre vie, la contre vie »

[1] J.-Fr. Poirier, « Postface », dans *Sur le haschich*, *op. cit.*, p. 108-109.
[2] W. Benjamin, « Notes sur l'expérience du 27 mai 1934 », dans *Sur le haschich,* op. cit., p. 101.
[3] W. Benjamin, "Haschich début mars 1930", dans *Sur le haschich*, *op. cit.*, p. 58-59.
[4] J. Duvignaud, *Le jeu du jeu*, Paris, Balland, 1980, p. 15.

(*Face à ce qui se dérobe*)[1] ? Comment enfin ne pas citer André Masson, qui, faisant allusion à la puissance dionysiaque du dessin instantané, écrit : « [...] sortir de soi, aller vers la bacchanale, vivre des choses dangereuses, se donner à l'ivresse et arriver aux portes de la mort »[2] ? L'intérêt que porte W. Benjamin aux effets de la drogue peut sans doute mieux se comprendre au regard de ces quelques exemples, tout comme il peut mieux se définir en relisant les propos de Jean-Paul Sartre, contenus dans son article de 1947 *Sur 22 dessins sur le thème du désir* : « Plus de cercles, des tournoiements. Plus de verticales, des ascensions, des chutes, des pluies. Plus de lumière, des grains d'énergie »[3].

En état d'ivresse « narcotique », nos repères spatio-temporels se transformeraient. Des issues s'inventeraient, défonctionnalisant les objets qui nous entourent et libérant nos gestes et pensées des obligations quotidiennes. Le sujet se laisserait « traverser » par les potentialités du virtuel, habitant momentanément les fissures que celui-ci impose au réel clos et sans perspectives. J. Lacoste précise : « Comme l'enfant d'*Enfance berlinoise*, qui aime à mêler les couleurs, l'imagination sous l'emprise du haschich [...] mixe les données du réel, cherche à résoudre les devinettes qu'elle suscite elle-même, multiplie les ornements et les jeux de surface »[4].

Incontestablement, l'ivresse liée à la consommation de haschich ébranle profondément le sujet, qui subit tout à la fois les angoisses provoquées par un sentiment de perte (des

---

[1] Le lecteur peut relire *Emergences-Résurgences* (Paris, Champs/ Flammarion, 1987), pour mieux saisir les défis qu'entend relever H. Michaux lorsqu'il affirme « [...] je peins pour me déconditionner".

[2] Pour une étude exhaustive des travaux « automatiques » d'A. Masson, voir Florence de Mèredieu, *André Masson. Les dessins automatiques*, Paris, Blusson, 1988.

[3] J.-P. Sartre, « Sur 22 dessins sur le thème du désir » (1947), dans *Situations IV*, Paris, Gallimard, 1964.

[4] J. Lacoste, « Un autre aspect "baudelairien" de W. B. », *La Quinzaine Littéraire*, *op. cit.*

repères...) – ce qui explique que cette ivresse soit « parfois dépressive »[1] – et un affaiblissement certain de sa volonté. En proie à un surgissement incessant d'images « sataniques » et fluctuantes, il peut certes se laisser aller aux extrémités d'une dérive vers l'illimité, l'infini. Mais, selon W. Benjamin, il ressent, aussitôt les effets « salvateurs » de la drogue dissipés, la difficulté (proche de ce que révèle le manque) « de faire des projets par-delà les rêves »[2]. Et surtout, c'est sans doute là ce qui motive le plus fortement les réticences benjaminiennes, il s'est contenté de faire l'expérience d'une ivresse spécifique (limitée, illusoire, dangereuse ?) qui déshumanise et dé-rationnalise le monde : « Moins d'homme, plus de démon et de pathos dans cette ivresse»[3] !

Alors, au cœur de cet univers artificiel, aux attaches plus que fragiles avec le mouvement contradictoire et complexe du réel, à quoi bon éprouver « le sentiment d'avoir des ailes »[4] ? A quoi bon, de même, inaugurer un monde si vite effondré et disparu ? Aussi, W. Benjamin considère-t-il le recours à la drogue comme moment expérimental sans issue. Précisément, parce que cette expérience ne favorise nulle rencontre productive entre le désir du sujet et une aspiration collective, parce que ce passage « hors monde établi » ne crée pas les bases d'un ébranlement radical-révolutionnaire, fondé sur une double dialectique, celle du refus et de l'espoir, celle de l'histoire individuelle et de l'histoire du monde. Si W. Benjamin est le penseur du passage et de l'errance, s'il refuse la notion d'installation définitive, si sa philosophie de l'histoire reste « négative » face à la croyance « célébrée » vis-à-vis du Progrès, il ne se soumettra cependant jamais à l'irrationnel, à un quelconque mouvement de fuite au regard des défis de la situation concrète.

---

[1] W. Benjamin, « Principaux aspects de la deuxième impression donnée par le haschich » (15 janvier 1928), dans *Sur le haschich*, *op. cit.*, p. 15.
[2] *Ibid.*, p. 16.
[3] *Ibid.*, p. 15.
[4] *Ibid.*, p. 18.

L'« image dialectique »

Les affinités avec le Surréalisme qu'expose W. Benjamin signifient, selon Rainer Rochlitz, un abandon du « primat de la référence théologique » [1]. Autrement dit, ce que vise désormais W. Benjamin, au détriment de la simple contemplation, est une réflexion sur les conditions d'une action concrète au sein du monde. R. Rochlitz explique ainsi la place de l'ivresse au sein du texte consacré au Surréalisme : « [...] c'est à travers l'ivresse de tout son corps que l'homme doit communiquer avec lui < le cosmos >, dans la plénitude de l'instant présent et avec toute sa présence d'esprit, sous peine de le faire, malgré lui, à travers la destruction, comme dans l'horreur des guerres modernes »[2].

Mais, ce qui légitime le rapprochement de Benjamin avec le Surréalisme, ainsi que son intérêt pour les paradis chimiques, le conduit également à mettre à jour des limites et des impasses (que nous avons fragmentairement évoquées), qui l'obligeront à dépasser le stade de la simple image onirique ou « narcotique ». Certes, ce qui subsiste de cette interprétation du Surréalisme, comme sans doute des « protocoles d'expérience » autour du haschich, est que l'image possède une fonction révolutionnaire. Encore faut-il s'interroger sur sa nature, son contenu et son sens. C'est dans le cadre d'une telle préoccupation qu'il faudrait aborder la relecture de quelques textes trop rapidement considérés comme « inféodés » à la philosophie marxiste. Ainsi, dans *L'auteur comme producteur*[3], tente-t-il de penser une liaison dialectique entre tendance politique et critère qualitatif de l'œuvre, souhaitant comprendre les modalités d'inscription de celle-ci au sein d'un « contexte social vivant ». Face à l'irrésolution surréaliste, W. Benjamin envisage

---

[1] R. Rochlitz, *Le désenchantement de l'art. La philosophie de Walter Benjamin*, Paris, Gallimard, 1992, p. 150.

[2] *Ibid.*

[3] Conférence prononcée le 27 avril 1934 à Paris, dans *Essais sur B. Brecht*, trad. Paul Lavau, Paris, François Maspéro, 1969, p. 107-128.

effectivement de « politiser l'art »[1] ; mais ce renversement face aux théories visant une esthétisation du politique n'implique pas une quelconque instrumentalisation de l'art. Plus exactement, W. Benjamin va s'efforcer de faire éclater cette dichotomie, en dialectisant les rapports de l'art et du politique au sein d'une philosophie de l'histoire, dont le sens profond se dessine dans l'interprétation qu'il donne du tableau de Paul Klee, *Angelus Novus*[2].

Par ailleurs, sa recherche éclatée sur l'image, au travers d'écrits sur Ch. Baudelaire, Marcel Proust... [3], tend à construire une idée selon laquelle l'image n'a pas à être pensée comme apparition brutale sur la scène historique pour participer directement au bouleversement de celle-ci, mais que l'image est un *lieu* complexe, réunissant tout à la fois l'ancien et le nouveau, provoquant un effet de choc à partir duquel peut être envisagé un éventuel « sauvetage».

Si W. Benjamin lit avec bonheur *Le Paysan de Paris* de L. Aragon, il reproche cependant à celui-ci de n'avoir pas suscité, au-delà du rêve, l'instant de l'éveil ; notamment en ne favorisant pas une claire distinction entre l'hier et l'aujourd'hui. Face à cette confusion, qui reste « romantique » et peut légitimer une attitude nostalgique, W. Benjamin, selon Bruno Tackels, expose la nécessité de « prendre les images de rêve à bras-le-corps, les dissoudre en tant que concepts mythologiques pour atteindre l'espace de l'histoire »[4]. Le recours au rêve, la fascination éprouvée pour l'enfance, la construction d'images étranges, le détour par le domaine des « curiosités » ne sont pas condamnés ; ce que W. Benjamin exige est une confrontation avec la sphère de

---

[1] W. Benjamin, « L'œuvre d'art à l'ère de sa reproductibilité technique », dans *Essais 2*, trad. M. de Gandillac, Paris, Denoël-Gonthier, 1983, p. 123-126.

[2] W. Benjamin, « Thèses sur la philosophie de l'histoire », dans *Essais 2*, *op. cit.*, p. 195-207.

[3] R. Rochlitz, *Le désenchantement de l'art*, *op. cit.*, p.149-158.

[4] B. Tackels, *Walter Benjamin*, Strasbourg, Presses Universitaires de Strasbourg, 1992, p. 109.

l'Histoire, une interprétation qui s'enracine dans la perspective d'une transfiguration, d'une transformation. Tel est bien le sens qu'il donne à son étude sur les passages parisiens : « [...] le passage : tentative de sortir d'un rêve en se réveillant [...] meilleur exemple de renversement dialectique » [1]. De même, précisera-t-il sa pensée en ces termes, contre les réticences émises par Theodor W. Adorno : « [...] l'image dialectique ne recopie pas le rêve [...] elle me semble bien contenir les instances, les lieux d'irruption de l'éveil [...] Donc ici un nouvel arc demande d'être tendu et maîtrisé, une dialectique : celle entre l'image et l'éveil »[2]. La « dialectique à l'arrêt », l'« image dialectique », introduites dans l'*Exposé de 1935*, imposent une vision discontinue et brisée qui, par le heurt, nous éloigne de tout endormissement. En ce sens, l'« image dialectique » n'est ni copie ni reflet du monde, tout comme elle ne peut être achèvement. « Une image, au contraire, est ce en quoi l'Autrefois rencontre le Maintenant dans un éclair pour former une constellation [...] l'image est la dialectique à l'arrêt. Car, tandis que la relation du présent avec le passé est purement temporelle, continue, la relation de l'Autrefois avec le Maintenant présent est dialectique : ce n'est pas quelque chose qui se déroule, mais une image saccadée »[3]. Dans le paradoxe, la fracture et la tension, elle s'instaure en effet « constellation », et en ce sens, reste errante, c'est-à-dire capable de toujours interroger l'impossible et le possible d'un à venir en esquisses éventuelles. R. Rochlitz décrit avec pertinence ce projet : « La dialectique à l'arrêt opère une coupe transversale à travers le processus historique, afin d'en extraire une image aux ambiguïtés révélatrices : à la fois rêve de bonheur et fantasmagorie mythique. Il nous incombe de recueillir

---

[1] W. Benjamin, *Paris, capitale du XIXe siècle. Le Livre des Passages*, trad. J. Lacoste, Paris, Cerf, 1989, p. 832.

[2] W. Benjamin, « Lettre à Gretel Adorno » (16 août 1935), dans *Correspondance II*, *op. cit.*, p. 186.

[3] W.Benjamin, « Exposé de 1935 », dans *Paris, capitale du XIXe siècle. Le Livre des Passages*, *op. cit.*, p. 35-46.

l'attente utopique du passé et de la délivrer de la fantasmagorie qui l'a condamnée à l'échec »[1]. En citant Hofmannsthal («Lire ce qui n'a jamais été écrit ») et en écrivant qu'il faut « prendre l'histoire à rebrousse-poil », W. Benjamin affirme son parti pris (matérialiste/dialectique) et souligne ce qu'il considère comme la limite essentielle de l'entreprise surréaliste. C'est aussi à partir d'une telle conception, esthétique et philosophique, qu'il faut, par exemple, comprendre le positionnement de Benjamin face aux œuvres cinématographiques.

Si l'œuvre d'art est un « univers vide », son caractère authentique se mesure néanmoins aux possibilités que nous avons de le « combler ». Cet « univers vide » devient ce territoire sans limites, mais non sans sens (pluriel), au sein duquel nous renouvelons sans cesse nos expériences, posant inlassablement la question décisive de savoir ce qu'il y a à sauver dans l'histoire, donc la question de notre devenir. Certes, l'esthétique benjaminienne s'installe du côté de la désacralisation ou du désenchantement ; mais ce, pour mieux situer, dans l'Ici et le Maintenant, les enjeux philosophico-historiques d'une Histoire qui ne cesse (parfois dans la répétition ou le bégaiement, toujours dans la brisure) de continuer.

Face aux accusations auxquelles doivent répondre aujourd'hui ceux qui ne refusent toujours pas d'évaluer quelques traces d'utopie concrète, dans l'investigation philosophique ou dans les pratiques artistiques et littéraires, il devient sans doute urgent d'assumer un héritage productif, celui que nous lèguent, entre autres, ces penseurs critiques du XXe siècle que sont W. Benjamin, ou encore E. Bloch. D'autant qu'au-delà des discussions qui les opposèrent, subsistent avec éclats des « affinités ». E. Bloch ne pensait-il pas le Surréalisme comme s'attachant au « pêle-mêle », comme un effort entrepris pour désembrouiller

---

[1] R. Rochlitz, *Le désenchantement de l'art*, *op. cit.*, p.283.

(« désembourber l'avenir » disait Vladimir Maïakovski) les fils de multiples pelotes, pour s'insérer délibérément dans « le monde en dessous, le monde oblique et le monde au-dessus »[1] ? De même, ce dernier ne considérait-il pas l'œuvre d'art comme rêve éveillé, ou « promesse », précisément parce qu'elle est en décalage, se dévoilant dans un « entre » indéterminé qui serait le propre de l'affabulation et du débordement, réanimant le désir de percer l'énigme et, simultanément, nous faisant découvrir l'ivresse du non clos et du fragmentaire, exigeant de nous que nous soyons d'éternels flâneurs ou vagabonds au sein de ruines en instance de reconstruction, à l'image peut être du *Blême Etranger* de Georg Trakl qui, dans le poème intitulé *Chant de la mort à sept voix*, ne cesse de rechercher un site, une histoire, de se propulser vers le crépuscule bleuissant ?

[1] E. Bloch, *Héritage de ce temps*, trad. J. Lacoste, Paris, Payot, 1978, p. 208.

Sur l'actualité intempestive du Surréalisme*

entretien avec Michaël Löwy

Il y a quelques années, Jean Clair s'en prenait rageusement à l'art contemporain et, au-delà, à l'esprit et aux utopies de la Modernité. Aujourd'hui, dans un pamphlet publié avec le soutien de la Fondation du 2 mars [1], il propose une très violente et caricaturale charge contre le Surréalisme. L'auteur, en effet, traque, en évoquant la personnalité d'A. Breton et en pointant quelques déclarations et manifestations du groupe surréaliste, considéré comme une « société secrète », les *preuves* de la complicité du Surréalisme avec les totalitarismes du XXe siècle. De même, rejette-t-il le mouvement du côté de l'irrationalité, de la violence barbare et de l'occultisme, et use-t-il de raccourcis stupéfiants (à propos du « surfascisme » de Georges Bataille et du « théâtre de la folie » d'Antonin Artaud par exemple). Sur sa lancée, il n'hésite pas à pointer ce qu'il juge être les dérives de l'héritage surréaliste au cœur de la *pensée 68* (du Situationnisme aux positions philosophiques défendues par Gilles Deleuze, Félix Guattari et Michel Foucault entre autres). En donnant la parole à Michaël Löwy[2], nous faisons entendre une autre voix, défendant l'irréductibilité rebelle du

---

*Entretien avec Michaêl Löwy, publié dans *Mouvement*, n° 23, 2003, p. 18-19,

[1] Jean Clair, *Du Surréalisme considéré dans ses rapports au totalitarisme et aux tables tournantes*, Paris, Mille et une nuits, 2003, 218 pages

[2] Michaël Löwy est Directeur de Recherches émérite au CNRS. Sur le Romantisme et sur le Surréalisme, il a notamment publié : *Révolte et mélancolie* (avec Robert Sayre), Paris, Payot, 1992) ; *L'Etoile du matin*, Paris, Syllepse, 2000) ; *Messagers de la tempête. André Breton et la Révolution de janvier 1946 en Haïti* (avec Gérald Bloncourt), Paris, Le Temps des Cerises, 2007 et *Esprits de feu. Figures du romantisme anti-capitaliste* (avec R. Sayre), Paris, Sandre, 2013.

Surréalisme. Mais, peut-être est-ce précisément l'écho, toujours vivant, d'une telle radicalité poétique et politique, que Jean Clair souhaite discréditer et abattre !

Jean-Marc Lachaud : En quel sens peut-on affirmer que le Surréalisme est un romantisme du XXe siècle ?

Michaël Löwy : Le romantisme n'est pas une école littéraire du XIXe siècle. Il est plutôt une forme de sensibilité qui irrigue tous les champs de la culture, une comète dont le « noyau » incandescent est la révolte contre la civilisation industrielle/capitaliste moderne. Le romantisme s'oppose, avec l'énergie mélancolique du désespoir, à l'esprit quantificateur de l'univers bourgeois, à la réification marchande, à la platitude utilitariste, et, surtout, au désenchantement du monde.

Le Surréalisme est l'exemple le plus frappant et le plus fascinant d'un courant romantique au XXe siècle. Il est, de tous les mouvements culturels de ce siècle, celui qui a porté à sa plus haute expression l'aspiration romantique a ré-enchanter le monde. Il est aussi celui qui a incarné de la façon la plus radicale la dimension révolutionnaire du romantisme. La révolte de l'esprit et la révolution sociale, changer la vie (A. Rimbaud) et transformer le monde (K. Marx) : telles sont les deux étoiles polaires qui ont orienté le mouvement depuis son origine, en le poussant à la recherche permanente de pratiques culturelles et politiques subversives.

Bien entendu, la lecture de l'héritage romantique du passé par les surréalistes est hautement sélective. Ce qui les attire vers les « façades gigantesques de Hugo », vers certains textes d'Alfred de Musset, d'Aloysius Bertrand, de Xavier Forneret, de Gérard de Nerval, c'est, comme l'écrit A. Breton dans « Le merveilleux contre le mystère », la « volonté d'émancipation totale de l'homme ». C'est aussi, chez « un bon nombre d'écrivains romantiques ou postromantiques » (Borel, Flaubert, Baudelaire, Daumier ou Courbet) la « haine toute spontanée du bourgeois type », la

« volonté de non-composition absolue avec la classe régnante ».

J.-M. L : Quelle est la dimension politique du surréalisme ?

Michaël Löwy : Au cours des années 1920, le désir de rompre radicalement avec la société bourgeoise occidentale conduit A. Breton à se rapprocher des idées de la révolution d'Octobre, comme en témoigne son compte rendu du *Lénine* de Léon Trotsky (1924). S'il adhère en 1927, avec plusieurs de ses amis, au Parti Communiste Français, il ne garde pas moins, comme il s'en explique dans la brochure « Au Grand Jour », son « droit de critique ». Quelques années plus tard, en 1935, cette critique le conduira à la rupture avec la version stalinienne du communisme – et avec ceux, parmi ses amis surréalistes, qui ont fait le choix de s'aligner sur l'URSS de Staline (Louis Aragon !).

Au prix de multiples scissions et défections, le noyau du groupe surréaliste autour d'André Breton et Benjamin Péret n'a jamais abandonné son refus intransigeant de l'ordre social, moral et politique établi – ni son autonomie jalouse, malgré l'adhésion ou la sympathie envers les différents courants de la gauche révolutionnaire. Après la rupture avec le stalinisme, le mouvement se rapproche du trotskisme : ce sera la visite d'A. Breton à L. Trotsky au Mexique et la rédaction commune de l'appel « Pour un art révolutionnaire indépendant » (1938). Enfin, dans l'après-guerre, Breton et ses amis sont attirés par l'anarchisme et collaborent, de 1951 à 1953, au journal *Le Libertaire*, organe de la Fédération Anarchiste (animée par Georges Fontenis).

Au-delà de ses différentes formes d'action partisane, ce qui définit la nature politique du Surréalisme est la révolte contre l'ordre des choses existant, l'affirmation d'un principe souverain de liberté contre toutes les oppressions, religieuses, patriotiques, mercantiles ou totalitaires.

J.-M. L : Ne peut-on relever quelques ambiguïtés au sein du projet surréaliste (au regard de l'idée de Progrès, de la Raison des Lumières, de la violence, de l'occultisme) ?

Michaël Löwy : Le Surréalisme ne s'oppose pas aux Lumières, mais il s'attaque, avec férocité, à leur caricature dans la civilisation capitaliste occidentale, c'est-à-dire au rationalisme abstrait et borné, à la platitude réaliste, au positivisme adorateur de l'« Ordre » et du « Progrès ». Dès le *Premier Manifeste du Surréalisme* (1924), A. Breton dénonce l'attitude qui consiste à bannir, « sous couleur de civilisation, sous prétexte de progrès », tout ce qui relève de la chimère et du rêve. La recherche d'une alternative à cette civilisation restera présente dans toute l'histoire du Surréalisme – y compris dans les années 1970, quand un groupe de surréalistes français et tchèques publiera en 1976, sous la responsabilité de Vincent Bounoure, *La Civilisation surréaliste*.

Ce n'est pas l'« occultisme » en tant que tel qui intéresse les surréalistes, mais une série de formes culturelles pré-modernes : l'alchimie, la Kabbale, la magie, les arts dits primitifs d'Océanie ou d'Amérique, l'art celtique. Ce qui les attire vers ces pratiques culturelles, c'est la charge poétique immense dont ces domaines sont porteurs. Cette charge, au sens explosif du terme, leur sert à dynamiter l'ordre culturel établi et son sage conformisme positiviste.

J.-M. L. : Jean Clair utilise astucieusement les réserves formulées par Walter Benjamin à l'égard du Surréalisme…

Michaël Löwy : Si Walter Benjamin était tellement fasciné par le Surréalisme, dans son article de 1929, c'est parce qu'il le considérait comme un mouvement profondément révolutionnaire et libertaire, et comme une forme d'illumination profane, « d'inspiration matérialiste et anthropologique ». L'illumination profane des surréalistes consiste avant tout dans « des expériences magiques sur des mots », dans lesquelles « s'interpénètrent mot d'ordre, formule d'enchantement (*Zauberformel*) et concept ».

Certes, W. Benjamin se plaint, dans un passage de son essai, d'une conception insuffisamment profane de l'illumination chez les surréalistes, illustrée par l'épisode de Madame Sacco, la voyante, évoqué par A. Breton dans *Nadja*. W. Benjamin souhaiterait voir les surréalistes, « ces enfants adoptifs de la Révolution », rompre avec ce qu'il appelle l'« humide alcôve du spiritisme ». Mais, il s'agit d'un malentendu : en réalité, l'image de la « voyante », comme toutes les autres figures de *Nadja*, est parfaitement profane et n'a pour Breton aucune signification « spiritiste ».

J.-M. L. : Le Surréalisme est-il encore d'actualité ?

Michaël Löwy : Une rumeur insistante, qui avec le temps a pris la pesanteur écrasante et la consistance granitique du dogme, veut que le Surréalisme ait disparu, comme mouvement et action collective, en 1969. En fait, si certains membres du groupe surréaliste de Paris (autour de Jean Schuster) ont cru bon d'annoncer en cette année la dissolution du groupe, d'autres (autour de Vincent Bounoure) ont décidé de continuer l'aventure surréaliste. Aujourd'hui, en 2003, une activité surréaliste collective existe, non seulement à Paris, mais aussi à Prague, Madrid, Stockholm, Leeds et Chicago. A Paris, vient de paraître le numéro 4 de la revue *SURR* (Surréalisme, Utopie, Rêve et Révolte). Tant que le refus de l'infamie « réellement existante » et l'utopie d'une autre civilisation – dans laquelle, pour paraphraser Baudelaire, le rêve ne sera plus l'ennemi de l'action – hanteront quelques individus, quelques femmes ou hommes obstinés, le Surréalisme continuera à être chargé de ce que Walter Benjamin appelait « le temps d'à présent » (*Jetztzeit*).

Walter Benjamin et la radio*

Ce qui entre facilement dans l'oreille en sort facilement. Ce qui entre difficilement dans l'oreille en sort difficilement.

Karl Kraus

Le conte veut s'arracher à la légende populaire où un envoûtement l'a enfermé.

Ernst Bloch

En 1925, Walter Benjamin voit son Habilitation refusée par l'Université de Francfort, tant en histoire de la littérature qu'en esthétique générale. Aussi, doit-il abandonner toute perspective de carrière professorale. Dès lors, écrivain *indépendant*, il est contraint, pour vivre (et, lorsque le temps de l'exil s'imposera en 1933, il s'agira brutalement de survivre), d'effectuer, parallèlement à ses recherches personnelles, des travaux de diverses natures.

Parmi ces activités, de 1929 à 1932, W. Benjamin assure un certain nombre d'émissions pour les radios berlinoise et francfortoise. Certes, il ne semble guère attacher d'importance à ses interventions. N'évoque-t-il pas, en effet, avec une ironie amère, dans une lettre à son ami Gershom Scholem, ses « travaux alimentaires » ? Néanmoins, il semble

---

* Ce texte a été publié dans *Walter Benjamin*, ouvrage collectif sous la direction de J.-M. Lachaud, *Europe*, n° 804, 1996, p. 91-101.

avoir toujours préparé avec attention ses contributions, comme le précise le rédacteur de la note éditoriale présentant en langue française les textes de ses émissions pour la jeunesse, en mentionnant, au regard des manuscrits retrouvés, qu'il « les retravaillait à la main avant les émissions [...] pour transformer le texte et non pour le corriger »[1]. Il est en conséquence impossible de considérer ces écrits comme mineurs, voire plus, détachés des préoccupations philosophiques (littéraires et politiques) de leur auteur. En ce sens, selon l'expression utilisée par Philippe Ivernel, il n'est pas absurde d'approcher ces productions en tant que produits de l'investissement d'un « intellectuel de radio »[2].

Sans doute n'est-ce pas un hasard si W. Benjamin, archéologue de la modernité, sensible aux bouleversements de son époque (aux inventions de la photographie et du cinéma, au caractère reproductible de l'œuvre d'art, à la place grandissante de la presse et de l'information...), ne reste pas indifférent aux possibilités (et aux limites) offertes par ce récent mode de communication.

Il est de même décisif de signaler que, simultanément à la présence sur les ondes du philosophe, une autre figure de la culture allemande, Bertolt Brecht, consacre, entre 1927 et 1932, quelques textes à l'esquisse d'une « théorie de la radio ». L'analyse brechtienne du *phénomène radio* s'installe immédiatement sur le terrain politique. La nouvelle technique n'intéresse Brecht que dans sa mise en rapport avec un nécessaire élargissement de la démocratie. Ainsi, il ne suffit pas de pouvoir « tout dire à tout le monde » (ce que permet désormais la radio) ; encore faut-il inscrire cette potentialité technique au cœur d'un projet émancipateur au sein duquel l'auditeur deviendrait un acteur essentiel – mais, poursuit Brecht, il apparaissait, dans un premier temps, que l'« on

---

[1] « Note éditoriale », dans W. Benjamin, *Lumières pour enfants*, trad. S. Muller, Paris, Christian Bourgois, 1988, p. 9.

[2] Ph. Ivernel, « Walter Benjamin, le narrateur problématique », dans W. Benjamin, *Rastelli raconte... et autres récits*, trad. Ph. Jaccottet, Paris, Seuil, 1987, p. 23.

n'avait rien à lui dire »[1]. Une telle approche expliquait, selon lui, que l'on tendait à penser la radio comme un simple substitut (à la presse écrite, au théâtre...), à nier son originalité et sa particularité, à délaisser toute quête autour de ses éventuelles ressources et promesses. Aussi, la question essentielle qui traverse les propos brechtiens est-elle la suivante : la radio, « pour quoi faire ? »[2]. Autrement dit, ce sont les conditions d'existence et les modalités d'utilisation du support radiophonique qui restent, pour B. Brecht, à définir et à inventer. Qui détient les pouvoirs de direction et de décision ? Au profit de qui (de quelles forces sociales...) ? Pour quelles finalités ? Autant d'interrogations, parmi d'autres, (B. Brecht aborde également les problèmes économique et financier), qui sont à formuler. La nécessité qu'il place au centre de la discussion s'affirme en ces termes : il est indispensable de lui chercher (de lui trouver) une « raison de vivre », afin qu'un slogan simpliste, tel qu'« embellir la vie publique », restrictif et mensonger, ne réduise la radio à n'être qu'un banal « appareil de distribution », ne faisant que transmettre en dehors de toute référence à la vie concrète – « [...] je pense que vous devriez vous rapprocher, vous et vos appareils, des événements réels et ne pas vous contenter de reproductions », déclare B. Brecht dans une réflexion destinée au directeur de la radio [3]. Comment, dès lors, envisager la radio en tant que véritable « appareil de communication »[4] ?

B. Brecht s'efforce de tracer des lignes directrices, permettant de concevoir la radio comme espace informationnel contradictoire et en mouvement ; pour que des

---

[1] B. Brecht, « La radio, appareil de communication » (1932), dans *Ecrits sur la littérature et l'art 1*, trad. J.-P. Lebrave et J.-P. Lefebvre, Paris, L'Arche, 1970, p. 136.

[2] B. Brecht, « La radio serait-elle une invention antédiluvienne ? », dans *op. cit.*, p. 127.

[3] B. Brecht, « Propositions au directeur de la radio » (1927), dans *op. cit.*, p. 130.

[4] B. Brecht, « La radio, appareil de communication », *op. cit.*, p. 136-137.

échanges concrets et productifs (dialogue à double sens, puisqu'il imagine une radio apte à *fournir* des matériaux et qui, simultanément, révélerait sa capacité à être *approvisionnée* par les auditeurs) autorisent une pratique novatrice, offensive et libératrice. En aucun cas, une telle radio ne serait le porte-voix ou l'instrument de propagande d'un quelconque pouvoir (ce qu'elle sera lorsque le pouvoir nazi se l'appropriera). Au contraire, privilégiant une forme d'interactivité authentique (émetteurs et récepteurs intervertissant sans cesse leurs prérogatives). B. Brecht insiste sur le caractère critique d'une production radiophonique de ce type (critique de la société, de la culture, de l'art…) [1] . En ce sens, le rôle actif du public est constamment revendiqué, du fait qu'il possède un double statut, celui d'« éduqué » et celui d'« éducateur ».

Il s'agit donc de faire de la radio « quelque chose de vraiment démocratique », plus exactement, de la considérer comme un instrument favorisant l'éducation des masses. D'où, par exemple, la volonté de proposer des projets d'émissions didactiques, par lesquelles les tenants et aboutissants d'un fait seront clairement identifiés et explicités. Toutefois, pour ne pas imposer aux auditeurs des « exposés sans vie » ou ennuyeux (pas plus qu'au théâtre, le bonheur d'une telle expérience ne doit être aboli). B. Brecht souligne la nécessité d'écrire des œuvres spécifiquement conçues pour ce support (productions musicales, théâtrales, romanesques…), de faire des expériences, donc de développer une inventivité acoustique infinie.

Peut-être B. Brecht paraît-il trop enthousiaste (ne fait-il pas preuve d'une foi unissant technique et progrès ?) au travers de l'exposé de ce programme ; cependant, cet éventuel *effet de croyance* face aux potentialités de la radio est atténué par la conscience exprimée selon laquelle l'arrière-plan historique et politique est déterminant pour libérer ou enfouir de telles perspectives. Au détour de la

---

[1] B. Brecht, « Propositions au directeur de la radio », *op. cit.*, p. 129.

discussion, B. Brecht interpelle le lecteur : « Si jamais vous trouvez tout cela utopique, demandez-vous pourquoi c'est utopique»[1].

***

Incontestablement, quelques années plus tard, W. Benjamin expose des positions très proches. La lecture de certains écrits – « L'auteur comme producteur » (1934), « L'œuvre d'art à l'époque de sa reproductibilité technique » (1936) ou encore « Qu'est-ce que le théâtre épique ? » (1939) – donne à comprendre les affinités qui existent entre les deux pensées, notamment face à l'utilisation du progrès technique pour travailler à l'émergence d'une autre société. Sont également en jeu la discussion concernant le rôle et les responsabilités de l'intellectuel (de l'écrivain, de l'artiste...), le *parti pris* à tenir au sein du débat *esthétisation de la politique/politisation de l'esthétique*, et par conséquent la question de l'art et de son autonomie.

Cette correspondance provoque par ailleurs diverses réactions et maints débats, principalement autour de ce que Theodor W. Adorno nomme « un résidu très sublimé de certains motifs brechtiens » agissant dans la pensée benjaminienne [2]. En écho, Rainer Rochlitz observe par exemple, en interprétant la logique en variations du projet

---

[1] B. Brecht, « La radio, appareil de communication », *op. cit.*, p. 138.

[2] Th. W. Adorno, « Lettre à Walter Benjamin » (18 mars 1936), dans W. Benjamin, *Ecrits français*, textes réunis et traduits par J.-M. Monnoyer, Paris, Gallimard, 1991, p. 133. Dans cette même lettre, Th. W. Adorno résume ainsi le différend qui l'oppose à W. Benjamin : « Vous sous-estimez la technicité de l'art autonome, et surestimez celle de l'art dépendant (*ibid.*, p. 138). Par ailleurs, il conclut sa correspondance en insistant sur le rôle supposé de B. Brecht dans l'élaboration du travail benjaminien de cette époque : « [...] j'ai le sentiment, en ce qui concerne notre différend théorique en général, qu'il ne se joue pas entre nous : que ma tâche consiste à vous soutenir par le bras, jusqu'à ce que le soleil de Brecht ait plongé à nouveau dans des eaux exotiques » (*ibid.*, p. 139.

benjaminien, que, si en 1934, « les médias de reproduction technique apparaissent encore comme des obstacles pour l'homme qui cherche à se réapproprier lui-même », l'année suivante, « le film sera interprété comme un moyen de se ressaisir »[1] ; ce qui lui permet d'évoquer un « désir de renchérir sur la radicalité de Brecht » de la part de W. Benjamin[2]. Relevons quelques indices significatifs, sans prétendre à une analyse exhaustive.

Dans « L'auteur comme producteur », W. Benjamin oppose aux débats tendance/qualité et forme/fond, une approche dialectique, c'est-à-dire l'inscription de l'œuvre dans le « contexte social vivant »[3]. Il interroge donc la place et la « fonction » occupées par l'œuvre au sein des rapports de production de l'époque. Une réflexion sur la technique littéraire s'impose afin d'aborder en matérialiste les problèmes de la littérature. Il interprète la tendance littéraire comme « un progrès ou un recul de la technique littéraire »[4]. S'appuyant sur les positions de Sergueï M. Tretiakov (à propos de l'art opératoire), il insiste sur la nécessité de l'emploi sans tabous des armes techniques, qui doivent être à la hauteur des combats engagés. Pour lui, en effet, les techniques et le développement des forces motrices de la société sont liés (ce qui permet par ailleurs d'affirmer que les formes et les genres ne sont pas immuables). De même, conçoit-il le rôle des écrivains en relation avec la transformation de l'appareil de production. Rappelant le mot d'ordre de B. Brecht, il demande de « ne rien livrer à l'appareil de production sans le changer »[5]. Le « caractère de modèle de la production » est décisif, non seulement pour guider d'autres producteurs, mais pour mettre « à leur

[1] R. Rochlitz, *Le Désenchantement de l'art*, Paris, Gallimard, 1992, p. 173.
[2] *Ibid.*, p. 191.
[3] W. Benjamin, « L'Auteur comme producteur » (1934), dans *Essais sur Bertolt Brecht*, trad. P. Laveau, Paris, François Maspéro, 1969, p. 109.
[4] *Ibid.*, p. 110.
[5] *Ibid.*, p. 117.

disposition un appareil amélioré ». Deux exemples précis sont proposés à partir d'expériences concrètes ; d'une part, W. Benjamin exprime son soutien au théâtre épique de B. Brecht, constant au regard du théâtre ancien (« culturel » ou « récréatif ») qu'en cherchant « à gagner les producteurs à la compétition perdue d'avance dans laquelle le film et la radio l'ont engagé », il « est devenu un moyen contre les producteurs »[1] ; d'autre part, faisant allusion aux propos de Hanns Eisler sur la musique et sur le fait que le disque ou la radio peuvent « débiter des produits musicaux de haute qualité [...] comme des marchandises sous forme de conserve », il en conclut que la forme *concert* est dépassée.

Dans « L'œuvre d'art à l'époque de sa reproductibilité technique », W. Benjamin considère que l'aura de l'œuvre est désormais atteinte. Il s'agit de donner sens à une liquidation à plusieurs niveaux (liquidation du caractère unique de l'œuvre, de sa pseudo-authenticité, de sa valeur cultuelle...). Ce propos est mis en relation avec l'analyse d'un bouleversement des modes de perception et d'une revendication des masses : « [...] la masse revendique que le monde lui soit rendu plus "accessible" avec autant de passion qu'elle prétend à déprécier l'unicité de tout phénomène en accueillant sa reproduction multiple »[2] ; il faut en conséquence mesurer la productivité inédite de l'« action des masses sur la réalité » et de « la réalité sur les masses »[3]. Le politique se substitue au rituel, la valeur d'exposabilité de l'œuvre s'impose (dans les pratiques photographique, cinématographique, dans le théâtre « par démontage » de B. Brecht...), les masses inventent un « mode transformé de participation »[4]. Autant d'éléments qui contribuent au

[1] *Ibid.*, p. 123.
[2] W. Benjamin, « L'œuvre d'art à l'époque de sa reproduction mécanisée » (1936), dans *Ecrits français*, *op. cit.*, p. 144.
[3] *Ibid.*, p. 145.
[4] *Ibid.*, p. 176.

surgissement d'une volonté révolutionnaire : la « politisation de l'art »[1].

Dans « Qu'est-ce que le théâtre épique ? », W. Benjamin affirme la pleine adaptation de ce théâtre aux formes techniques contemporaines, notamment parce qu'il favorise l'implication du public (en tant que collectif) dans le cadre d'une perception inédite – une perception détendue, comme « à la radio », où sans cesse il « branche ou coupe son haut-parleur à sa guise ». La forme épique correspond au rythme contemporain en présentant une succession de séquences qui, en dehors de « leur valeur pour l'ensemble », possèdent « une valeur propre, épisodique »[2].

Nous pouvons enfin mentionner la description d'un « modèle radiophonique » élaboré autour d'une pièce conçue avec Wolf Zucker, *Augmentation de salaire ? ! Vous rêvez !*, considérée comme « didactique », grâce à la mise en œuvre d'une méthode d'enseignement consistant à « confronter un exemple avec un autre, qui démontre le contraire »[3].

Les relations entre B. Brecht et W. Benjamin sont cependant complexes. Alors que W. Benjamin est suspecté de sacrifier l'art en épousant les thèses marxistes de B. Brecht – « […] le défaut de la grande théorie de la reproduction de Benjamin » est de ne pas distinguer « entre la conception d'un art débarrassé jusque dans son fondement de l'idéologie et l'abus de la rationalité esthétique pour l'exploitation et la domination des masses », note Th. W. Adorno[4] –, B. Brecht

---

[1] *Ibid.*, p. 171.

[2] W. Benjamin, « Qu'est-ce que le théâtre épique ? » (première version, 1931), dans *Essais sur Bertolt Brecht*, *op. cit.*, p. 14.

[3] Un fragment de ce texte est cité dans « Note du traducteur » (R. Rochlitz), dans W. Benjamin, *Trois pièces radiophoniques*, trad., Paris, Christian Bourgois, 1986, p. 125. R. Rochlitz évoque le « style assez brechtien » de cet écrit.

[4] Th. W. Adorno, *Théorie esthétique*, trad. M. Jimenez, Paris, Klincksieck, 1974, p. 80. Pour éclairer le débat Benjamin / Adorno, voir l'étude d'Albrecht Wellmer, « Vérité – apparence – réconciliation. Adorno et le sauvetage de l'esthétique de la modernité » (trad. R. Rochlitz et Chr. Bouchindhomme, dans *Théories esthétiques après Adorno*,

s'exprime avec réticence à la lecture des hypothèses de W. Benjamin sur la disparition de l'aura et sur les promesses du cinéma (il est vrai que B. Brecht a une expérience malheureuse du cinéma et de l'industrie cinématographique) : « Pure mystique, malgré la posture anti-mystique. C'est donc ainsi qu'on adapte la conception matérialiste de l'histoire ! Il y a plutôt de quoi s'effrayer »[1].

***

Après avoir esquissé à grands traits le champ des enjeux, revenons maintenant aux travaux pratiques de W. Benjamin sur les ondes radiophoniques ; non aux conférences et aux pièces, mais plus précisément aux contes pour enfants et adolescents.

Dans ses histoires berlinoises, par petites touches, W. Benjamin s'attache à (re) découvrir une ville qui, par la complexité de son histoire et de sa réalité présente, reste à ses yeux énigmatique. Avec passion[2], il s'adresse à ses jeunes auditeurs pour leur transmettre le désir (et les instruments nécessaires à son éventuelle concrétisation) de se l'approprier, de rêver en la rêvant, de la vivre en projection. N'affirme-t-il pas, dans *Enfance berlinoise*, que « s'égarer dans une ville comme on s'égare dans une forêt demande toute une éducation »[3] ?

Aussi, desserrant l'étau de visions habituelles liées à la ville vécue au quotidien, il souhaite faire surgir de façon impromptue une multitude de traces – dérivant autour de l'inaccessibilité immédiate de figures réelles ou imaginaires,

---

ouvrage collectif sous la direction de R. Rochlitz, Arles, Actes Sud, 1990, p. 247-293).

[1] B. Brecht, *Journal de travail* (note du 25 juillet 1938), trad. Ph. Ivernel, Paris, L'Arche, 1976, p. 15-16.

[2] N'hésitant pas à effectuer un retour sur sa propre enfance, comme dans *Berlin démoniaque*, où il narre sa rencontre avec l'œuvre d'E.T.A. Hoffmann.

[3] W. Benjamin, *Enfance berlinoise*, trad. J. Lacoste, Paris, Les Lettres nouvelles/Maurice Nadeau, 1978, p. 31.

de lieux et de bâtiments fantasmagoriques –, une foule colorée de détails, qui deviennent autant de révélations *en instantanés*. Du dialecte et de la « grande gueule » des Berlinois au théâtre de marionnettes, de la ballade des jouets à la visite d'une usine, des marchands ambulants et des marchés aux cités-casernes et au Tiergarten, dans une danse de joie où cependant le spectre du malheur rôde toujours, l'auteur plonge ses interlocuteurs au cœur d'une vie palpitante, parce que pluridimensionnelle. Il les accompagne dans une promenade « labyrinthique », les entraînant dans une quête *illuminatoire*, à la recherche de l'âme tumultueuse qui hante les passages qui traversent la ville en tous sens. Dans les moindres recoins de la mémoire de Berlin, et dans la fureur de son animation actuelle, des moments d'étonnement et de crainte rythment la déambulation aléatoire du promeneur. Celui-ci, pris au jeu (au piège) d'un surgissement kaléidoscopique d'images insolentes, doit alors accepter d'expérimenter l'inconnu, en état d'ivresse.

Si W. Benjamin, par ailleurs, revisite le passé – *je me souviens* –, nulle nostalgie ne s'exprime ; au contraire, il souligne la relation étroite qui unit l'ancien et le nouveau : « [...] plus question de regretter le vieux Berlin, écrit-il. Il est toujours là dans le nouveau »[1]. Dans son essai, Arno Münster précise que W. Benjamin « s'efforce d'établir [...] le rapport de constellation critique qui lie les fragments du passé au temps présent »[2]. De même, W. Benjamin ne considère pas que ses interventions peuvent supplanter l'expérience concrète d'une déambulation physique, mettant l'homme dans une situation de corps à corps avec la métropole. D'où l'incitation à prolonger le cheminement esquissé par la parole radiophonique qu'il formule à l'attention d'un auditeur qu'il souhaite pleinement actif[3] : « Vous savez, inutile d'attendre.

---

[1] W. Benjamin, *Lumières pour enfants*, *op. cit.*, p. 29.

[2] A. Münster, *Procès et catastrophe. Walter Benjamin et l'Histoire*, Paris, Kimé, 1996, p. 87.

[3] Peut-être note-t-il implicitement par cet appel les limites du conte radiophonique. Nous retrouvons une telle attitude lorsque dans *Visite*

Promenez-vous dans Berlin, en ouvrant grand vos yeux et vos oreilles, et vous récolterez bien plus de belles histoires que vous n'en avez entendues aujourd'hui à la radio », dit-il[1].

De la capitale allemande à Naples, l'horizon s'ouvre – et se prolongera simultanément au travers des *Passages urbains*[2] que l'auteur conçoit, à la même époque, pour divers journaux. Dans « l'ici et le maintenant », W. Benjamin recueille des éléments épars du merveilleux, mettant en scène les effets d'un dépaysement toujours renouvelé (lié tant au choc de la distance – réelle ou imaginaire – qu'au brouillage des repères et au recours à l'étrangéisation). En écho aux pratiques de Louis Aragon (dans *Le Paysan de Paris*) et de Franz Hessel (dans ses *Promenades dans Berlin*) il arpente des contrées éloignées (et cependant si proches), saisissant un souffle, une atmosphère, un corpus de petits riens néanmoins significatifs. Ainsi, Naples n'est pas seulement la ville dominée par le Vésuve (imagerie de carte postale), elle prend forme dans un grouillement de visions, de sons, d'odeurs ; elle est aussi une réalité sociale à décrypter (« [...] la misère est grande dans la ville »[3]). C'est la pratique du flâneur qui est ici mise en acte, trouvant « son aliment dans ce qui est perceptible à la vue », tout en s'emparant « du simple savoir, des données inertes »[4] (l'usage de la citation[1] participe à la

d'une fabrique de laiton, il dit : « J'imagine qu'en entendant "Visite d'une fabrique de laiton" à la radio, on se dit "Encore une de ces idées idiotes. On ne peut pas décrire ce genre de choses, il faut aller les voir" » (*Lumières pour enfants*, *op. cit.*, p. 100), tout en indiquant que cet exercice n'est pas dénué de promesses, puisque l'on « ne comprend bien de l'extérieur que ce que l'on connaît de l'intérieur » (intériorité que son émission tente de dénuder).

[1] *Ibid.*, p. 20.

[2] W. Benjamin évoque successivement Moscou, Weimar, Paris (ces publications dans la presse allemande paraissent de 1927 à 1930). Voir *Sens unique*, *op. cit.*, p. 245-328.

[3] W. Benjamin, *Lumières pour enfants*, *op. cit.*, p. 215.

[4] W. Benjamin, *Paris, capitale du XIXe siècle*, trad. J. Lacoste, Cerf, 1989, p. 435.

déstructuration du récit et à son redéploiement en transversale). Ces « lointains » – qu'il s'agisse de pays ou d'époques – jaillissent dans notre « paysage » et notre « instant présent »[2], bouleversant la surface lisse de notre quotidienneté appauvrie.

Le conteur agit donc en flâneur, mais aussi en colporteur, traçant « de ses songes des légendes pour les images »[3], en l'occurrence radiophoniques. Perçue selon un panorama *en failles*, la ville devient le lieu privilégié d'une « irruption de l'éveil » qui, « tout comme une constellation céleste le fait par ses points de lumière », favorise la production d'une expérience dialectique, « celle entre l'image et l'éveil »[4].

Dans une autre série de contes, W. Benjamin se souvient de catastrophes, dont la mémoire humaine (volontaire ou involontaire) garde des traces ineffaçables. Par le rappel de ces tragédies – une éruption volcanique, un tremblement de terre, une inondation, un accident ferroviaire, un incendie… – W. Benjamin introduit le moment du désastre comme élément constitutif du développement historique. Chacun de ces événements apparaît comme un « coup de tonnerre dans un ciel serein »[5] – ce qui incite à relativiser le sentiment de puissance dominatrice de l'homme (sur la nature, sur le monde qu'il bâtit). En ce sens, au cœur de la tourmente, il reste « désemparé ». Mais, tout en mesurant le devenir historique au regard de cette succession d'accidents qui lui a donné sens, W. Benjamin se garde de développer un pessimisme radical. Sans se ranger du côté de ceux qui s'enthousiasment sans restriction face aux promesses d'un progrès idéalisé, ici encore, la technique semble de bon secours (il se sépare donc de la méfiance exprimée par Ernst

[1] Comme dans *La Bastille, vieille prison d'Etat française* ou dans *De vraies histoires de chiens*.

[2] W. Benjamin, *Paris, capitale du XIXe siècle*, *op. cit.*, p.438.

[3] *Ibid.*, p. 437.

[4] W. Benjamin, « Lettre à Gretel Adorno » (16 août 1935), dans *Correspondance 2*, trad. G. Petitdemange, Paris, Aubier, 1979, p. 186.

[5] W. Benjamin, *Lumières pour enfants*, *op. cit.*, p. 231.

Jünger et Martin Heidegger[1]). Aux limites du progrès, qu'il ne sous-estime pas, s'adjoint un mouvement qui fait dire à l'auteur : « Mais la technique, là comme ailleurs, finira par y remédier, ne serait-ce que par le détour de la prévision »[2]. Il envisage, de même, l'idée de « péripétie », « dans un combat où les hommes ont triomphé et triompheront toujours » – « à moins qu'ils ne réduisent à néant leur propre travail », conclut-il[3] malgré tout comme pour tempérer son propos optimiste[4].

Ces contes, nous le voyons, ne sont jamais dépourvus de contenu philosophique, en rapport étroit avec les hypothèses de l'auteur dans ses essais. Dans le même esprit, et contre ceux qui seraient tentés d'affaiblir la valeur des travaux radiophoniques de W. Benjamin, nous pouvons indiquer que, dans la construction de ses contes, s'affirme pleinement un principe qui sera noté dans *Paris, capitale du XIXe siècle*, lorsque W. Benjamin écrit que la « vraie méthode pour se rendre les choses présentes consiste à les représenter dans notre espace », précisant aussitôt que c'est « comme cela que fait le collectionneur, et l'anecdote »[5]. Alors, « ce n'est pas nous qui entrons en elles, ce sont elles qui entrent en nous »[6] et nous voilà prêts à succomber au vertige, face à un vide qu'il nous faut en une expérience inédite combler. Comment, si le texte était « le tonnerre qui fait entendre son grondement après [l'éclair] »[7], une fulgurance nous éblouit, faisant surgir, en marge des superficialités mises en exergue, le sens même

---

[1] Sur le rapport à la technique de ces deux auteurs, voir l'essai de J.-M. Palmier, *Ernst Jünger* (Paris, Hachette, 1995, p. 31-66).

[2] W. Benjamin, *Lumières pour enfants*, *op. cit.*, p. 233.

[3] *Ibid.*, p. 243.

[4] A. Münster (*op. cit.*, p. 10) décrit W. Benjamin comme artisan de la démystification de l'idée de Progrès. Les ambiguïtés que nous relevons au sein des contes radiophoniques abondent vraisemblablement dans ce sens. Aussi, la « figure du seuil » que développe A. Münster est-elle convaincante.

[5] W. Benjamin, *Paris, capitale du XIXe siècle*, *op. cit.*, p. 223.

[6] *Ibid.*, p. 224.

[7] *Ibid.*, p. 473.

de notre *advenir* incertain (de ses possibles et de ses impossibles). Ici, W. Benjamin se montre soucieux de mettre en lumière l'Histoire, recourant aux désordres semés par les petites histoires de notre imaginaire qui transfigurent la pauvreté de notre expérience vécue. Cette volonté le rattache à une tradition, celle qui se dessine du siècle des Lumières à Karl Marx et aux théoriciens de l'Ecole de Francfort.

Nous pouvons également insister sur ce que la pratique du conte radiophonique révèle du concept de narration revu par W. Benjamin. Tout en signifiant la crise de la narration[1], il s'engage dans une ultime tentative de sauvetage, cherchant à transformer la force d'un récit *contemporanéisé* en arme. Cela, en renouant, grâce à la radio, avec une pratique de l'oralité libérant une parole à nouveau humaine[2]. Contre la dissolution du récit traditionnel désormais inopérant, il évoque la nécessité de prendre en compte la tradition orale : « De tous les écrivains qui ont recueilli des histoires, les plus grands sont ceux dont le récit est le moins infidèle à la tradition orale des conteurs anonymes »[3]. Tout comme il insiste sur le rapport à reconstruire entre celui qui raconte et celui qui écoute activement l'histoire racontée : « Qui écoute une histoire forme société avec qui la raconte »[4]. C'est donc un défi que doit relever, face aux insuffisances d'un romanesque détaché de son temps, le narrateur des temps à venir, en investissant l'ensemble des appareils disponibles et en poussant toujours plus loin sa recherche audacieuse des matériaux et des formes.

---

[1] W. Benjamin, « Le Narrateur » (1936) dans *Rastelli raconte… et autres récits*, *op. cit.*, p. 145-178.

[2] Selon Ph. Ivernel (« Walter Benjamin, le narrateur problématique », *op. cit.*, p. 131), « […] qu'elle soit légende, conte, proverbe, facétie, mot d'esprit, récit populaire en général, elle réfère à une expérience communicable ».

[3] W. Benjamin, « Le Narrateur », *op. cit.*, p. 146-147.

[4] *Ibid.*, p. 167.

Incontestablement, W. Benjamin s'est confronté avec talent et détermination aux aléas de l'intervention radiophonique. Attentif aux obligations du genre (gestion du temps, modalité du débit...) – difficiles à maîtriser, comme il l'indique avec humour dans « A la minute »[1] –, il travaille à réaliser de savants *mélanges*, n'hésitant, comme l'observe Ph. Ivernel, ni à chuter « dans l'actualité » ni à chuter « dans le public »[2]. L'urgence, à laquelle il tente de répondre, en investissant les *moyens du bord*, est celle de la production et de la diffusion de multiples traces variées, qui, contrairement aux œuvres *auratiques*, visent l'essentiel, à savoir l'« apparition d'une proximité » ; avec elles, souligne-t-il, « nous nous emparons de la chose »[3].

Ernst Bloch définit le conte comme le « château en Espagne *par excellence* », puisqu'avec lui « un bonheur [...] traverse les ténèbres et se fraie un chemin jusqu'à la lumière »[4]. En relisant les *fantaisies* radiophoniques de W. Benjamin, qui se démarquent avec bonheur d'une volonté pédagogique militante rigide, nous ne pouvons qu'éprouver cette ivresse provoquée par l'éclairage violent d'une scène sur laquelle nous sommes conviés à évoluer en écart, parce qu'en retard ou en avance. A nous donc de vivre ces images fugitives[5], dont nous deviendrons les dépositaires et les inventeurs. A nous d'« échanger des expériences » !

---

[1] W. Benjamin, « A la minute », *op. cit.*, p. 97-101.

[2] Ph. Ivernel, « Walter Benjamin, le narrateur problématique », *op. cit.*, p. 23.

[3] W. Benjamin, *Paris, capitale du XIXe siècle*, *op. cit.*, p. 464.

[4] E. Bloch, *Le Principe Espérance*, tome 1, trad. Fr. Wuilmart, Paris, Gallimard, 1976, p. 438.

[5] L'affinité de ces images avec les images-souhaits selon E. Bloch (images du non-encore là) mériterait une analyse approfondie. Les propositions benjaminiennes sont-elles gouvernées par « le cap maintenu du futur » qui inspire le philosophe de l'utopie concrète ? La question peut être posée, même si, comme l'indique A. Münster (*op. cit.*, p. 95), E. Bloch refuse « le pessimisme benjaminien en matière de philosophie de l'histoire et dans le domaine de la perception historique de l'humanité moderne ».

Philosophie

aux éditions L'Harmattan

Dernières parutions

FRANCS-MAÇONS (LES)
Des inconditionnels de l'espoir (nouvelle édition)
Deschatres François
Après cinquante ans de présence en franc-maçonnerie, l'auteur livre, dans une nouvelle édition, le fruit de sa réflexion personnelle, car la finalité de cette idéologie est rarement exposée publiquement. En écrivant ce livre, son intention est de «faire pénétrer» le lecteur dans l'idéal maçonnique, sans réserve et sans prosélytisme, dans un souci de vérité.
(19.00 euros, 192 p.)
ISBN : 978-2-343-03705-9, ISBN EBOOK : 978-2-336-35214-5

MÉDÉE L'AMBIGUË
Approches plurielles d'une figure de légende
Durand Marc
Depuis toujours Médée semble bien avoir représenté le prototype mythique de la « femme mauvaise », celle qui égorge ses propres enfants pour se venger d'un mari volage. Mais est-ce bien assurément la seule lecture que l'on peut faire de cette figure tragique ? Revisitant les écrits anciens, cet essai tente, sinon de réhabiliter cette haute figure mythique, du moins d'édulcorer les jugements sévères qu'on a pu porter sur elle depuis l'Antiquité, voire de pointer les contradictions des diverses versions.
(Coll. Ouverture Philosophique, 31.00 euros, 306 p.)
ISBN : 978-2-343-03287-0, ISBN EBOOK : 978-2-336-35229-9

RELECTURE D'ARISTOTE
Durkheim : penser une nouvelle ère
Europeana 3
Aristote et Durkheim, deux grandes voix de la philosophie classique - l'une antique, l'autre plus proche de nous - nourrissent nos réflexions contemporaines ; ce sont les deux grandes figures autour desquelles s'articulent les contributions de ce nouveau numéro d'Europeana.
(Coll. Kubaba, 17.50 euros, 206 p.)
ISBN : 978-2-343-03879-7, ISBN EBOOK : 978-2-336-35316-6

LECTURE SYMBOLIQUE DU LIVRE DE L'APOCALYPSE
Trovato Vincent
L'ouvrage de Vincent Trovato se présente comme une intrigue à rebondissements, une enquête. Si la plupart des chercheurs se sont penchés sur la genèse de

L'Apocalypse, lui s'intéresse davantage aux aspects essentiels du message transmis par le Voyant : les peurs et les souffrances de l'Homme, sa liberté brimée par les préjugés et les dogmes. Il y voit une révélation au sens propre, une prise de conscience de la condition humaine.
(Coll. Ouverture Philosophique, 24.00 euros, 236 p.)
ISBN : 978-2-343-03822-3, ISBN EBOOK : 978-2-336-35181-0

ÉCONOMIE (L') À LA LUMIÈRE DES PHILOSOPHES
Eyene Mba Jean-Rodrigue-Elisée
Ce livre permet de comprendre que les tentatives des économistes contemporains pour disqualifier la philosophie du processus d'élaboration des modèles, des lois et des principes économiques sont vouées à l'échec. Elles omettent souvent le dénominateur commun de l'économie et de la philosophie : l'épanouissement de l'homme, le maintien de l'équilibre social. Les problèmes que traitent les philosophes relèvent du domaine de la vie pratique de la société dont l'économie n'est qu'un des éléments constitutifs.
(Coll. Philosopher en Afrique, 15.50 euros, 152 p.)
ISBN : 978-2-336-30160-0, ISBN EBOOK : 978-2-296-53723-1

GILLES DELEUZE : PHILOSOPHIE ET LITTÉRATURE
Pombo Nabais Catarina - Préface de Jacques Rancière
Cet ouvrage aide à pénétrer une pensée complexe, et tente de rendre Deleuze accessible. L'auteur a pu définir un accès sensible et raisonné à l'un de ces points privilégiés où la philosophie deleuzienne se construit hors d'elle-même en investissant un espace «non philosophique», celui de la littérature. Il ne peut être question de résumer un travail qui s'attache à suivre, à travers l'analyse fine de quelques singularités, toutes les transformations de la pensée deleuzienne de l'expérimentation littéraire, entendue comme expérimentation de vie.
(Coll. La philosophie en commun, 49.00 euros, 526 p.)
ISBN : 978-2-343-00949-0, ISBN EBOOK : 978-2-296-53833-7

EROS ET INFINI (Tome I)
Le monde, le sujet, le sens
Bailly Jean Jacques
Cet ouvrage constitue la première partie d'*Éros et Infini, Éthique de la temporalité*. L'auteur entreprend une philosophie de l'évènement, de la nouveauté et du sens, de l'éros et du désir, soutenue par une compréhension du temps comme retrait créateur. La confrontation aux grands maîtres conduit à de nouvelles interprétations des grandes questions philosophiques. Ce tome I traite de l'expérience du monde, de la question du sujet, ainsi que de l'origine du sens et de l'éros de l'interprétation.
(Coll. Ouverture Philosophique, 24.00 euros, 228 p.)
ISBN : 978-2-343-00462-4, ISBN EBOOK : 978-2-296-53845-0

EROS ET INFINI (Tome II)
Le sens, le signe, l'éros du bien et du mal
Bailly Jean Jacques
Cet ouvrage constitue le tome II de *Éros et Infini, Éthique de la temporalité*. L'auteur y poursuit sa philosophie de l'évènement, de la nouveauté et du sens, de l'éros et du

désir centrée sur l'expérience temporelle du monde. Les questions philosophiques fondamentales sont revisitées. Ce tome II aborde les formes de jouissances et de catharsis du sujet, approfondit la réflexion sur les limites et les configurations du monde, le langage et les signes, et l'enracinement érotique du bien et du mal.
(Coll. Ouverture Philosophique, 22.50 euros, 216 p.)
ISBN : 978-2-343-00499-0, ISBN EBOOK : 978-2-296-53846-7

NOUVELLE AVANT-GARDE (LA)
Vers un changement de culture
Sous la direction de Carine Dartiguepeyrou
La vision du monde postmoderne a beaucoup apporté en déconstruisant la modernité pour mettre en avant des valeurs postmatérialistes et une société plurielle. La nouvelle avant-garde n'est pas seulement une pensée : c'est une culture, une communauté de valeurs et de quête, le fruit d'une intuition collective qui rassemble des personnes de tous horizons autour d'un respect profond pour le vivant, de la conscience que nous ne connaissons qu'une part infime de l'univers.
(Coll. Avant-garde, 19.00 euros, 196 p.)
ISBN : 978-2-343-00822-6, ISBN EBOOK : 978-2-296-53858-0

UN MONDE PARFAIT. GÉOGRAPHIES DE L'AMÉRIQUE IMAGINAIRE
Magliacane Alessia
En vingt-deux chapitres ponctués d'éléments géographiques, minéralogiques, urbains, topographiques, l'auteur reconstruit un contre-scénario de la culture postcapitaliste en suivant une route de l'imaginaire nord-américain suspendue entre l'incessante demande d'émancipation politique, culturelle, raciale, de genre et les terribles rechutes sociales, économiques, symboliques et symptomatiques.
(Coll. Ouverture Philosophique, série Arts vivants, 25.00 euros, 246 p.)
ISBN : 978-2-343-00173-9, ISBN EBOOK : 978-2-296-53963-1

RENÉ SCHÉRER
ou la parole hospitalière
Sous la direction de Cany Bruno, Robveille Yolande
De tous les professeurs ayant participé à l'expérience vincennoise, René Schérer apparaît comme le philosophe hospitalier par excellence, c'est-à-dire celui qui invite à philosopher ensemble dans une communauté de réflexion et de discussion. Mais ce recueil rappelle que la communauté homogène est impossible, fantasmatique du seul fait que l'homogène est la destruction de la communauté. C'est pourquoi le philosophe hospitalier convie à une «communauté de singularités» constituée par la diversité et la pluralité.
(14.50 euros, 146 p.)
ISBN : 978-2-336-29899-3, ISBN EBOOK : 978-2-296-53809-2

POUR UNE ANTHROPOBIOLOGIE PHILOSOPHIQUE DU DÉSIR
Désir et consensus
Nzigou-Moussavou Alain
Moteur essentiel de sa vie mentale et psychique, le désir permet à l'homme de s'orienter dans le monde. Exister pour l'homme, c'est exister comme être

de désir. Toutes ses connaissances et ses institutions sont ainsi ramenées à de pures et simples projections pulsionnelles. Voici tentée ici l'entreprise inédite de reconstruction anthropologique du désir.
(Coll. Pensée Africaine, 40.00 euros, 416 p.)
ISBN : 978-2-336-00731-1, ISBN EBOOK : 978-2-296-53951-8

MERLEAU-PONTY
Face aux défis du monde contemporain – Corporéité et solidarité
Mpuku Félicien Laku
Merleau-Ponty n'a jamais explicitement développé une pensée de la solidarité et aucun de ses commentateurs ne s'est attaché à interpréter sa philosophie sous cet angle. La pensée de Merleau-Ponty inclut des possibilités qui débordent ce qu'il a effectivement dit et écrit. Cet ouvrage découvre que notre conscience est d'emblée dans un corps et dans une situation vécue, et que, avant toute prise de conscience de son existence personnelle, l'être humain coexiste. Cette « existence-avec » est fondamentalement une co-présence des êtres corporels.
(Coll. Pensée Africaine, 31.00 euros, 304 p.)
ISBN : 978-2-343-00058-9, ISBN EBOOK : 978-2-296-53797-2

SOLITAIRE (LE) DES ALPES
Ou la vérité religieuse devant la raison
Yermolof Michel - Édition préparée par François Heidsiecck
Préface de Gérard Perrin-Gourron
Michel Yermoloff (1794-1870), homme très cultivé et orthodoxe de naissance, se convertira au catholicisme à 61 ans. Sans se contenter d'une démarche ecclésiale, il entend développer, discuter l'essentiel de sa foi. Dans ce véritable ouvrage d'apologétique rédigé sous forme de dix «Conversations», les Dialogues de ce Général fournissent un témoignage précieux du climat intellectuel de l'époque à travers des développements des thèmes pérennes de la philosophie et de la religion.
(Coll. Ouverture Philosophique, 22.50 euros, 216 p.)
ISBN : 978-2-296-99853-7, ISBN EBOOK : 978-2-296-53715-6

AU-DELÀ DE LA PENSÉE
Être et paraître
Andrieu Gilbert
Les mots ne sont qu'un pâle reflet de la réalité. Ils construisent l'homme, qui croit n'être que ce qu'il dit. Il en est de même de la pensée, qui ne peut dépasser un paraître dont nous ne soupçonnons pas les limites. Penser n'est certainement pas le propre de l'homme et rien ne nous dit que la pensée cesse d'exister après la mort. En cherchant à mieux comprendre l'amour et la mort, il est possible de saisir une origine de la pensée qui s'enracine dans la matière.
(23.00 euros, 230 p.)
ISBN : 978-2-343-00361-0, ISBN EBOOK : 978-2-296-53794-1

L'HARMATTAN ITALIA
Via Degli Artisti 15; 10124 Torino

L'HARMATTAN HONGRIE
Könyvesbolt ; Kossuth L. u. 14-16
1053 Budapest

L'HARMATTAN KINSHASA
185, avenue Nyangwe
Commune de Lingwala
Kinshasa, R.D. Congo
(00243) 998697603 ou (00243) 999229662

L'HARMATTAN CONGO
67, av. E. P. Lumumba
Bât. – Congo Pharmacie (Bib. Nat.)
BP2874 Brazzaville
harmattan.congo@yahoo.fr

L'HARMATTAN GUINÉE
Almamya Rue KA 028, en face du restaurant Le Cèdre
OKB agency BP 3470 Conakry
(00224) 60 20 85 08
harmattanguinee@yahoo.fr

L'HARMATTAN CAMEROUN
BP 11486
Face à la SNI, immeuble Don Bosco
Yaoundé
(00237) 99 76 61 66
harmattancam@yahoo.fr

L'HARMATTAN CÔTE D'IVOIRE
Résidence Karl / cité des arts
Abidjan-Cocody 03 BP 1588 Abidjan 03
(00225) 05 77 87 31
etien_nda@yahoo.fr

L'HARMATTAN MAURITANIE
Espace El Kettab du livre francophone
N° 472 avenue du Palais des Congrès
BP 316 Nouakchott
(00222) 63 25 980

L'HARMATTAN SÉNÉGAL
10 VDN en face Mermoz, après le pont de Fann
BP 45034 Dakar Fann
33 825 98 58 / 33 860 9858
senharmattan@gmail.com / senlibraire@gmail.com
www.harmattansenegal.com

L'HARMATTAN BÉNIN
ISOR-BENIN
01 BP 359 COTONOU-RP
Quartier Gbèdjromèdé,
Rue Agbélenco, Lot 1247 I
Tél : 00 229 21 32 53 79
christian_dablaka123@yahoo.fr

630777 - Novembre 2015
Achevé d'imprimer par